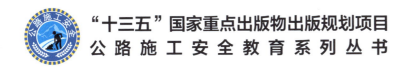

"十三五"国家重点出版物出版规划项目

公路施工安全教育系列丛书

公路施工安全教程

第四册 隧道施工安全技术

广东省交通运输厅 组织编写

广东省南粤交通投资建设有限公司
中铁隧道局集团有限公司 主 编

人民交通出版社股份有限公司
China Communications Press Co.,Ltd.

内 容 提 要

本书是《公路工程安全教育系列丛书》中的一本,是《公路施工安全视频教程》的配套用书。本书主要介绍隧道施工安全技术,内容包括:隧道基础知识、超前地质预报、洞口工程、超前支护施工、隧道洞身开挖、装运渣作业、初期支护、仰拱施工、二次衬砌施工、辅助作业等方面的要点。

本书可供公路施工技术与管理人员使用,也可作为相关人员安全学习的参考资料。

图书在版编目(CIP)数据

隧道施工安全技术／广东省交通运输厅组织编写；广东省南粤交通投资建设有限公司,中铁隧道局集团有限公司主编. — 北京：人民交通出版社股份有限公司,2018.12

ISBN 978-7-114-15077-7

Ⅰ. ①隧… Ⅱ. ①广… ②广… ③中… Ⅲ. ①公路隧道—隧道工程—工程施工—安全管理—指南 Ⅳ. ①U459.2-62

中国版本图书馆 CIP 数据核字(2018)第 236822 号

Suidao Shigong Anquan Jishu

书　　　名：	隧道施工安全技术
著 作 者：	广东省交通运输厅　组织编写
	广东省南粤交通投资建设有限公司　中铁隧道局集团有限公司
责任编辑：	韩亚楠　朱明周
责任校对：	张　贺
责任印制：	张　凯
出版发行：	人民交通出版社股份有限公司
地　　址：	(100011)北京市朝阳区安定门外外馆斜街 3 号
网　　址：	http://www.ccpress.com.cn
销售电话：	(010)59757973
总 经 销：	人民交通出版社股份有限公司发行部
经　　销：	各地新华书店
印　　刷：	中国电影出版社印刷厂
开　　本：	787×1092　1/16
印　　张：	14.25
字　　数：	365 千
版　　次：	2018 年 12 月　第 1 版
印　　次：	2021 年 11 月　第 3 次印刷
书　　号：	ISBN 978-7-114-15077-7
定　　价：	52.00 元

(有印刷、装订质量问题的图书,由本公司负责调换)

《公路施工安全教程 第四册 隧道施工安全技术》

编审委员会

主 任 委 员：李　静

副主任委员：黄成造　于保林　职雨风

委　　　员：唐　忠　陈明星　付伦香　刘永忠
　　　　　　尹良龙　韩静玉　张家慧　洪开荣
　　　　　　陈子建　潘明亮　贺小明　高　翔

编写人员

主　编：潘明亮

副主编：陈子建　韩占波　王立军

编　写：刘爱新　覃辉鹃　任伟杰　田德雄
　　　　李　磊　林海彬　曹光全

健全安全教育体系
筑牢安全发展基石

改革开放40年来特别是党的十八大以来，广东交通运输主动服务国家重大战略，全面贯彻省委省政府决策部署，抢抓机遇，深化改革，加快推进现代化综合交通运输体系建设，交通运输发展的先行作用不断凸显。党的十九大开启了建设交通强国的新征程，为深入贯彻落实习近平总书记亲自谋划、亲自部署、亲自推动的粤港澳大湾区发展战略，我们以推进湾区交通基础设施互联互通为重点，开始了新一轮的综合交通规划布局，交通建设迎来了新的战略机遇期。

"求木之长者，必固其根本；欲流之远者，必浚其泉源"。在当前交通运输基础设施发展、服务水平提高和转型发展的黄金时期，既要深刻认识到高质量发展带来的新机遇，同时，也要看到行业发展面临的风险和挑战，尤其是安全发展任重道远。我们要始终牢固坚守"底线思维"和"红线意识",始终把人民群众生命安全放在第一位,发展绝不能以牺牲安全为代价。为切实保障交通建设安全生产,我厅秉持安全发展理念,着眼于"以技术保安全,以管理促安全",凝聚专业力量,合力集中攻关,在系统、全面总结以往安全生产管理经验的基础上,组织编制了《公路施工安全视频教程》及配套用书。《教程》及配套用书分为安全管理、路基路面施工安全技术、桥梁施工安全技术、隧道施工安全技术、工种安全操作五个方面介绍安全生产知识要点,对相关管理人员、专业技术人员和现场作业工人均具有一定学习和参考价值。

《教程》及配套用书的编制和出版,是贯彻落实中央和省关于安全生产重要决策部署的具体行动,是我们响应和贯彻交通运输部要求,提高交通建设"本质安全"、打造"品质工程"、深化"平安交通"的重要举措,也是我省交通基础设施建设快速发展的迫切需要。希望广大交通建设管理和施工、监理人员宣贯好、推广好,在工作中严监管、真落实、见长效,坚持不懈地抓好交通建设安全生产,为交通强国建设做出新的贡献,不断实现交通延伸人民美好生活的愿景!

广东省交通运输厅

2018年12月

前 言
Foreword

保障人民生命财产安全，实现安全生产，关乎民生福祉、经济社会发展大局。交通建设是安全生产的重要领域，全面遵循习近平总书记关于安全生产的一系列重要指示批示精神，牢固树立"红线意识"、"底线思维"，深入践行以人民为中心的发展思想，坚持奉行"生命至上、安全第一"的建设理念,是实现交通建设目标的前提和基石。

为夯实行业安全生产基础，切实提高从业人员的安全意识和安全技能；着力解决当前公路施工安全生产教育培训缺乏系统性和针对性强的培训教材等问题；广东省交通运输厅主动作为，创新实践，在系统总结、全面梳理以往行业安全生产管理经验的基础上，组织专业力量编制了《公路施工安全视频教程》（以下简称"视频教程"）及配套用书。

"视频教程"已由人民交通出版社先行出版发行，分为安全管理、专业安全技术、工种安全操作和事故案例分析等四方面内容，其中专业安全技术又分为路基路面施工、桥梁施工和隧道施工三个部分。以动画和视频为主要表现形式，讲解了公路施工专业技术基础知识、安全风险和防范措施，生动直观，通俗易懂。本次出版的"配套用书"分为安全管理和路基路面、桥梁、隧道施工安全技术以及工种安全操作五个部分，图文并茂，易学易懂易记，与视频教程配套使用。其中工种安全操作以"口袋书"的形式单独细分成册，由《作业人员基本安全知识》《班组日常安全管理》《个人劳动保护及工程临边防护》《施工现场临时用电安全操作手册》《现场急救常识》及架子工、混凝土、隧道工等22个工种安全操作手册组成（共27本分册），全面介绍工人操作与安全生产施工的核心知识和现场安全操作要点，以促进工人综合素质和技能提升，培育交通工匠精神。

"视频教程"和"配套用书"的编制历时两年，由广东省南粤交通投资建设有限公司、中铁隧道局集团有限公司、武汉博晟安全技术股份有限公司等单位的相关技术人员，组成一支近百人的专业团队，收集了50多个高速公路建设项目的工程和视频资料，广泛吸取了各有关单位的意见建议，进行了数十次的修改和完善。编制工作注重理论与实践相结合，力求兼顾管理层、技术层和操作层的相关人员安全教育培训需求，可用于专业技术辅助交底和安全教育培训。在实际使用中应结合工作实际，对其中未涉及的法律和标准规范进行补充和完善。

在编制过程中，编写组参阅借鉴了大量资料，得到了许多领导、专家和同行的关心、指导和帮助，在此一并致以真诚的感谢和敬意！同时，由于我们的知识水平和工作能力所限，难免存在不足、疏漏甚至错误，恳请各位专家、读者将发现的问题和意见建议，及时函告广东省交通运输厅工程质量管理处（地址：广州市白云路27号，邮政编码：510101），或者广东省南粤交通投资建设有限公司安全生产监督管理部（地址：广州市天河区珠江新城珠江东路32号利通广场36楼，邮政编码：510623），帮助我们更好地改进提升。

本书编写组

2018年12月

目 录
Contents

第一章　隧道基础知识 ·· 001
  第一节　隧道分类 ·· 002
  第二节　隧道结构组成 ·· 005
  第三节　隧道围岩分级 ·· 009
  第四节　隧道施工方法 ·· 010
  第五节　隧道施工特点及主要安全风险 ·· 013

第二章　超前地质预报 ·· 015
  第一节　超前地质预报概述 ·· 016
  第二节　超前地质预报主要方法及要点 ·· 016
  第三节　超前地质预报方法选择 ·· 022
  第四节　超前地质预报流程 ·· 022
  第五节　主要安全风险分析 ·· 023
  第六节　主要安全控制要点 ·· 024

第三章　洞口工程 ·· 027
  第一节　洞口工程概述 ·· 028
  第二节　施工工艺流程及要点 ··· 029
  第三节　主要安全风险分析 ·· 038
  第四节　主要安全控制要点 ·· 038

第四章　超前支护施工 ·· 043
  第一节　超前支护概述 ·· 044
  第二节　施工工艺流程及要点 ··· 044
  第三节　主要安全风险分析 ·· 059
  第四节　主要安全控制要点 ·· 059

第五章 隧道洞身开挖 061
第一节 洞身开挖方法简介 062
第二节 施工工艺流程及要点 074
第三节 主要安全风险分析 079
第四节 主要安全控制要点 080

第六章 装运渣作业 083
第一节 装运渣作业概述 084
第二节 装运渣作业方式简介 084
第三节 主要技术控制要点 085
第四节 主要安全风险分析 087
第五节 主要安全控制要点 087

第七章 初期支护 089
第一节 初期支护概述 090
第二节 施工工艺流程及主要技术要点 090
第三节 主要安全风险分析 098
第四节 主要安全控制要点 098

第八章 仰拱施工 101
第一节 施工工艺流程及要点 102
第二节 主要安全风险分析 105
第三节 主要安全控制要点 105

第九章 二次衬砌施工 107
第一节 施工工艺流程及主要技术控制要点 108
第二节 主要施工安全风险分析 116
第三节 主要安全控制要点 117

第十章 辅助作业 121
第一节 辅助作业概述 122
第二节 辅助作业要点 122
第三节 隧道辅助作业安全风险分析 129
第四节 主要安全控制要点 130

第十一章 斜井施工 135
第一节 施工工艺流程及要点 136
第二节 主要安全风险分析及控制要点 148

第十二章 竖井施工 153
第一节 竖井概述 154
第二节 施工工艺流程及要点 155
第三节 主要安全风险分析 165
第四节 主要安全控制要点 165

第十三章 瓦斯隧道施工 ··· 169
- 第一节 瓦斯隧道基本知识及安全风险 ······················ 170
- 第二节 瓦斯隧道施工安全管理基本要求 ··················· 171
- 第三节 瓦斯隧道气体检测管理 ······························ 174
- 第四节 瓦斯隧道施工通风管理 ······························ 175
- 第五节 瓦斯隧道机电设备管理 ······························ 177
- 第六节 瓦斯隧道消防安全管理 ······························ 179
- 第七节 瓦斯隧道爆破作业安全管理 ························· 179

第十四章 岩溶隧道 ··· 183
- 第一节 岩溶隧道的概念 ···································· 184
- 第二节 岩溶对隧道施工的影响 ······························ 184
- 第三节 隧道岩溶处置措施 ·································· 184
- 第四节 岩溶隧道施工主要技术控制要点 ··················· 188
- 第五节 主要安全风险分析 ·································· 189
- 第六节 主要安全控制措施 ·································· 189

第十五章 机电安装及隧道装饰施工 ······················ 191
- 第一节 机电安装及隧道装饰施工概述 ····················· 192
- 第二节 施工工艺流程及要点 ································ 194
- 第三节 主要安全风险分析 ·································· 201
- 第四节 主要安全控制要点 ·································· 201

第十六章 隧道工程常见事故抢险救援 ··················· 203
- 第一节 隧道"关门"坍塌事故抢险救援 ····················· 204
- 第二节 隧道突泥涌水事故的抢险救援 ····················· 208
- 第三节 隧道火灾事故抢险救援 ······························ 210
- 第四节 隧道瓦斯事故抢险救援 ······························ 212

参考文献 ··· 214

第一章 PART 1
隧道基础知识

隧道是指在地下或水下实现某种用途,按规定的形状和尺寸修建的断面面积大于 $2m^2$ 的条形建筑。其修建意义主要是裁弯取直、克服高程障碍、减少开挖、保护环境、避开不良地质地段及重要建(构)筑物等。

第一节 隧 道 分 类

1. 按用途划分

隧道按用途分为交通隧道、水工隧道、市政隧道、矿山隧道和国防、人防等特殊用途的隧道,如图 1-1~图 1-6 所示。

图 1-1 交通隧道

图 1-2 水工隧道

图 1-3 市政隧道

图 1-4 矿山隧道

图 1-5 国防隧道

图 1-6 人防隧道

交通隧道主要类型有公路隧道、铁路隧道、水下隧道、城市地铁、人行隧道等。

水工隧道主要类型有引水隧道、导流隧道、泄洪隧道等。

市政隧道主要类型有给水隧道、排水隧道、管路隧道等。

矿山隧道主要类型有采矿巷道、运输巷道、通风巷道等。

2. 按长度划分

隧道按长度分为特长隧道、长隧道、中长隧道、短隧道，见表1-1。

隧道按长度划分表　　　　　　　　表1-1

按长度划分隧道种类	隧道长度(m)	
	公路隧道	铁路隧道
特长隧道	$L>3000$	$L>10000$
长隧道	$1000 \leqslant L \leqslant 3000$	$3000 < L \leqslant 10000$
中长隧道	$500 < L < 1000$	$500 < L \leqslant 3000$
短隧道	$L \leqslant 500$	$L \leqslant 500$

3. 按跨度划分

隧道按跨度分为小跨度隧道、中跨度隧道、大跨度隧道、超大跨度隧道，见表1-2。

隧道按跨度划分表　　　　　　　　表1-2

按跨度划分隧道种类	跨度(m)
小跨度隧道	$B<9$
中跨度隧道	$9 \leqslant B < 14$
大跨度隧道	$14 \leqslant B < 18$
超大跨度隧道	$B \geqslant 18$

4. 按断面面积划分

隧道按断面面积分为极小断面隧道、小断面隧道、中等断面隧道、大断面隧道和特大断面隧道，见表1-3。

隧道按断面面积划分表　　　　　　　　表1-3

按断面面积划分隧道种类	断面面积(m^2)
极小断面隧道	2~3
小断面隧道	3~10
中等断面隧道	10~50
大断面隧道	50~100
特大断面隧道	>100

各种不同大小断面隧道如图1-7~图1-11所示。

5. 按经过地层划分

隧道按经过的地层可分为石质隧道和土质隧道两类，其中石质隧道又分为软岩隧道和硬岩隧道两种。

图1-7 极小断面隧道

图1-8 小断面隧道

图1-9 中等断面隧道

图1-10 大断面隧道

图1-11 特大断面隧道

6. 按所处位置划分

隧道按所处的位置不同分为山岭隧道、水下隧道和城市隧道。

7. 按断面形状划分

隧道按断面形状可分为圆形隧道、矩形隧道、马蹄形隧道。公路隧道一般为圆形。

第二节　隧道结构组成

隧道主要由洞口工程、洞身及附属结构组成,如图 1-12 ~ 图 1-14 所示。

图 1-12　洞口工程

图 1-13　洞身

1. 洞口工程

洞口工程是指隧道进出口部分的构造物,一般包含洞门、明洞、排水设施、边仰坡防护等,如图 1-15 ~ 图 1-18 所示。洞门形式主要有端墙式、翼墙式、柱式、台阶式、斜切式、环框式、遮光式等。

2. 洞身

洞身结构主要由初期支护、防水层、二次衬砌等组成(图 1-19 ~ 图 1-23)。初期支护形式主要有喷射混凝土、喷射混凝土加锚杆、喷射混凝土锚杆与钢架联合支护等。防水层形式一般为柔性防水层,由土工布和塑料防水板共同组成。二次衬砌形式主要有复合式衬砌、整体式衬砌和装配式衬砌等。

图 1-14　附属结构

图 1-15　洞门

图1-16　明洞

图1-17　排水设施

图1-18　边仰坡防护

图1-19　初期支护

图1-20　防水层

图1-21　二次衬砌

第一章 / 隧道基础知识

图1-22　喷锚支护

图1-23　防水施工图

3. 附属结构

附属结构包括辅助坑道以及排水、照明、通风、通信、报警、监控、消防等设施（图1-24～图1-31）。辅助坑道形式主要有横洞、平导、斜井、竖井、人行及车行横通道等（图1-32～图1-36）。

图1-24　辅助坑道

图1-25　排水设施

图1-26　照明设施

图1-27　通风设施

图 1-28　通信设施

图 1-29　报警设施

图 1-30　监控设施

图 1-31　消防设施

图 1-32　横洞

图 1-33　平导

图 1-34 斜井

图 1-35 竖井

图 1-36 人行及车行横通道

第三节 隧道围岩分级

根据试验资料结合围岩特征,可将隧道围岩分成 6 级。Ⅰ、Ⅱ级围岩结构完整,稳定性好;Ⅲ、Ⅳ级围岩岩体一般较破碎,稳定性较差,开挖后应及时支护;Ⅴ、Ⅵ级围岩岩体软弱破碎,易掉块、坍塌,开挖后应加强支护。

隧道围岩分级标准见表 1-4。

隧道围岩分级标准表　　　　表 1-4

围岩级别	围岩或土体主要定性特征	围岩基本质量指标修正[BQ]	开挖后的稳定状态
Ⅰ	坚硬岩,岩体完整,受构造影响轻微,巨整体状或巨厚层状结构,节理不发育,层间结合良好	>550	围岩稳定,无坍塌
Ⅱ	坚硬岩,岩体较完整,块状或层状结构,层间结合一般。较坚硬岩,岩体较完整,块状整体结构,层间结合一般	550~451	暴露时间长,可能产生局部小坍塌

续上表

围岩级别	围岩或土体主要定性特征	围岩基本质量指标修正[BQ]	开挖后的稳定状态
Ⅲ	坚硬岩,岩体较破碎,巨块(石)碎(石)状镶嵌结构,层间结合一般。 较硬岩或较软硬岩,岩体较完整,块状或中厚层结构,层间结合一般	450~351	开挖后应及时支护,无支护可能产生坍塌
Ⅳ	坚硬岩,岩体破碎,碎裂结构; 较坚硬岩,岩体较破碎~破碎,镶嵌碎裂结构,块状体或中层结构 较软岩层或较软硬岩互层,且以软岩为主,岩体较完整~较破碎,中薄层状结构	350~251	开挖后易坍塌,必须及时支护
	略具压缩的黏土或沙土,一般钙铁质胶结的碎石、卵石、大块石及Q2、Q1黄土		
Ⅴ	较软岩,岩体破碎; 软岩,岩体较破碎~破碎; 极破碎各类岩体,碎、裂状、松散结构	<250	开挖后易坍塌
	裂隙杂乱或全~强风化壳;一般第四系的半干硬~硬塑料黏性土及Q3、Q4黄土,呈松散结构; 稍湿至潮湿的碎石土、卵石土、圆砾土,呈松散结构		
Ⅵ	软塑状黏性土及潮湿、饱和粉细沙、软土		开挖后极易坍塌变形

第四节 隧道施工方法

隧道施工方法有多种,应根据地质状况、洞身断面及外部环境等因素合理选择。目前隧道常用的施工方法有明挖法、暗挖法、沉管法和顶管法等。明挖法可分为明挖顺作法、盖挖顺作法、盖挖逆作法和分部开挖法;暗挖法可分为传统矿山法、新奥法、新意法、掘进机法和浅埋暗挖法;沉管法可分为干船坞法和钢壳法。隧道施工方法分类见图1-37。

1. 明挖法

明挖法是指先将隧道部位的岩(土)体全部挖除,然后修建洞身、洞门,再进行回填的施工方法。明挖法施工见图1-38。

明挖法主要施工流程:围护结构施工→土石方开挖→洞身结构施工→防水层施工→回填覆土。

2. 暗挖法

(1)新奥法

新奥法是指用薄层支护手段保持围岩强度、控制围岩变形,发挥围岩自身承载能力,并通过施工监控量测指导隧道的设计与施工的方法。新奥法施工见图1-39。

第一章 / 隧道基础知识

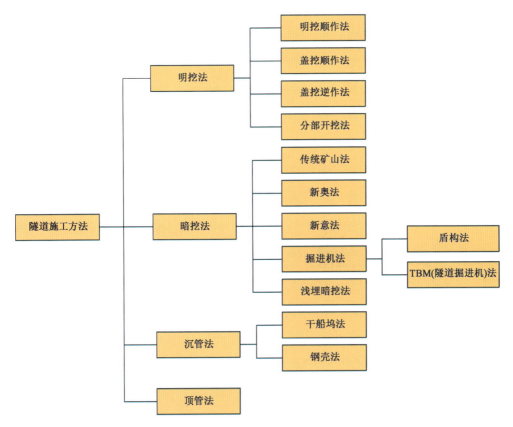

图1-37 隧道工程施工方法分类

图1-38 明挖法施工示意图

图1-39 新奥法施工示意图

新奥法主要施工流程：洞口工程施工→超前地质预报→洞身开挖→初期支护→防水层施工→二次衬砌→附属设施施工。

（2）掘进机法

掘进机法是指用特制的隧道掘进设备，实现破岩、出渣和支护连续作业，全断面一次成洞的施工方法。掘进机法施工见图1-40。

掘进机法主要施工流程：施工准备→全断面开挖及出渣→外层管片式衬砌或初期支护→

TBM或盾构前推→管片外灌浆或二次衬砌。

(3)浅埋暗挖法

浅埋暗挖法是指在埋深较浅、软弱围岩、地下水位高、周围环境复杂等条件下,采用暗挖修建隧道及地下工程的施工方法。浅埋暗挖法施工示意见图1-41。

浅埋暗挖法施工主要流程与新奥法基本相同。

图1-40 掘进机法施工

图1-41 浅埋暗挖法施工

3.沉管法

沉管法是指将箱形或管形钢筋混凝土预制构件,分段沉埋至水底而构成隧道的施工方法。沉管法施工见图1-42。

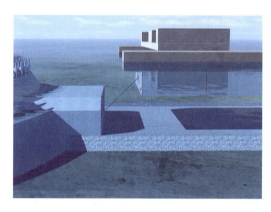

图1-42 沉管法施工示意图

沉管法主要施工流程:管节预制→基槽开挖→管段浮运沉放→管段水下连接→防水层施工→回填→附属设施施工。

公路隧道最常用的施工方法为新奥法,新奥法施工应坚持"少扰动、早支护、勤量测、紧封闭"的原则,对于软弱地层施工应坚持"管超前、严注浆、短开挖、强支护、早封闭、勤量测"的原则。

浅埋及地层复杂的隧道施工时,常采用一种或多种辅助措施来保证隧道施工安全。辅助措施形式主要有超前大管棚、超前小导管、径向注浆、帷幕注浆、水平旋喷桩、冻结法、玻璃纤维锚杆等。

第五节　隧道施工特点及主要安全风险

隧道工程因埋于地下,作业空间狭小,地质条件复杂,施工环境恶劣,不可预见因素多,因此安全风险极高。

隧道施工存在的一般安全风险主要有高处坠落、触电、车辆伤害、机械伤害、物体打击、起重伤害、火灾、脚手架坍塌、放炮伤害等,另外还存在隧道坍塌、火工品爆炸、中毒窒息、瓦斯爆炸、突泥涌水、岩爆、尘肺病危害等特有的安全风险。

(1)隧道坍塌:隧道开挖方法不当、初期支护不到位、围岩结构失稳导致隧道坍塌。

(2)火工品爆炸:隧道施工爆破作业过程中违规使用火工品、爆破方式方法不当、违规处理火工品等导致火工品爆炸事故。

(3)中毒窒息:隧道地层中有毒有害气体逸出、施工过程中内燃设备产生的废气以及爆破作业产生的有毒有害气体等造成作业人员中毒窒息。

(4)瓦斯爆炸:瓦斯隧道施工中因通风及气体检测不到位,未使用防爆型机械、机具等原因造成的瓦斯爆炸事故。

(5)突泥涌水:在岩溶、软弱富水地段隧道施工时,因超前地质预报不及时,工程技术措施不到位等造成突泥涌水。

(6)岩爆:在高地应力深埋隧道施工中,因超前地质预报不及时、应力释放措施不到位以及施工方法不当等造成的岩爆事故。

(7)尘肺病危害:隧道内粉尘含量超标、通风降尘效果不良、作业人员防护措施不到位等导致尘肺病危害。

第二章 PART 2
超前地质预报

隧道施工安全技术

第一节　超前地质预报概述

1. 超前地质预报定义

超前地质预报是指对隧道开挖掌子面前方的地质情况进行探测、分析及预报,并提出工程技术措施建议。

2. 超前地质预报主要目的

超前地质预报的主要目的为:

(1)进一步探明隧道开挖掌子面前方的工程地质及水文地质情况,指导工程顺利进行。

(2)降低地质灾害发生的概率和危害程度。

(3)为优化工程设计提供地质依据。

(4)为编制竣工文件提供地质资料。

3. 超前地质预报主要内容

超前地质预报的主要内容为:

(1)地质岩性预测预报,重点是对软弱夹层、破碎带、煤层及特殊岩土等进行预测预报。

(2)地质构造预测预报,重点是对断层、节理密集带、褶皱轴等进行预测预报。

(3)不良地质预测预报,重点是对岩溶、采空区、瓦斯等进行预测预报。

(4)地下水预测预报,重点是对岩溶水、富水断层、富水褶皱轴、裂隙水等进行预报。

第二节　超前地质预报主要方法及要点

隧道超前地质预报主要方法有地质调查法、超前导坑预报法、超前钻探法和物探法等四大类。一般采用一种或多种预报方法相互验证,提高预报的准确性。

1. 地质调查法

地质调查法包括对隧道地表补充地质调查、洞内工作面地质素描和洞身地质素描、地层分界线及构造线的地下和地表相关性分析、地质作图等。常用的地质调查法为地质素描。

地质素描(图2-1)是指通过观察、手触、锤击、采集样本等绘制地质素描图,推测隧道前方及周边地质岩性及不良地质体的发育情况,地质素描主要内容包括测量岩层及主要结构面产状、工作面(包括掌子面、顶面、侧面)出水渗水情况观察描述等。地质素描应随隧道开挖及时进行,重点地段每开挖循环进行一次,其他地段不超过10m进行一次。

2. 超前导坑预报法

超前导坑预报法是指利用超前导坑揭示地质情况,通过地质理论和作图法预报正洞地质条件的方法。可分为平行超前导坑法、正洞超前导坑法两种,分别如图2-2和图2-3所示。此方法成果直观、精度高、预报距离长,可减压放水、改善通风条件,但成本高,工期长。

以上两种方法均应以小断面开挖,宜超前正洞掌子面30m以上,掘进时应详细记录导坑各段出露地层岩性、地质构造、水文地质情况。

图 2-1　隧道地质素描示意图

图 2-2　平行超前导坑法预报示意图　　　图 2-3　正洞超前导坑法预报示意图

3. 超前钻探法

超前钻探是在掌子面采用风钻或水平钻机钻孔,来确定前方的地质及地下水情况的超前地质预报方法。超前钻探法分为加深炮孔法和超前地质钻法两种。

（1）加深炮孔法

加深炮孔法（图2-4）是指在钻孔过程中,利用加深炮孔深度的方法来判定前方围岩情况的超前地质预报方法。此方法适用范围广,方法简单,但探测长度较短,一般探测长度为5~8m。

炮孔可利用风钻或凿岩台车钻孔,孔深应较爆破孔（或循环进尺）深3m以上,孔数、孔位应根据开挖面大小和地质复杂程度确定。

钻孔过程中应在现场做好钻孔记录,包括钻孔位置、开孔时间、终孔时间、孔深、钻进速度随钻孔深度变化情况、冲洗液颜色和流量变化、涌砂、空洞、震动、卡钻位置、突进里程、冲击器声音的变化等。

（2）超前地质钻法

超前地质钻法（图2-5）是指利用冲击钻机或回转取芯钻机在隧道开挖工作面进行钻探获取地质信息的超前地质预报方法。一般地段采用冲击钻,复杂地质地段应采用回转取芯钻。此方法较直观,探测准确,但费用高,占用隧道施工时间较长。

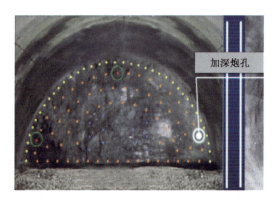

图 2-4 加深炮孔法超前地质预报示意图

图 2-5 超前地质钻法地质预报示意图

软弱富水地层进行超前钻探时必须采取防突措施,每循环宜钻 3~5 个孔,终于隧道开挖轮廓线外 5~8m,钻孔长度宜为 30~50m,每循环探孔搭接长度为 5~8m,在探孔钻进过程中,应详细记录钻进速度、出水位置、出水量大小、水压大小、推进力、冲洗液颜色、空洞、卡钻位置、突进里程等,以便准确判别地质情况。

4. 物探法

物探法是指利用物理学的原理、方法和专门的仪器,通过分析来获取地质体或地质构造形态的勘探方法。物探法主要有弹性波反射法、电磁波反射法、高分辨直流电法、红外探测法等。

(1) 弹性波反射法

弹性波反射法是指利用人工激发的地震波或声波在不均匀地质体中产生的反射波特性来预报掌子面前方及周围临近区域的地质情况。弹性波反射法主要有:TSP(隧道地震波法)、VSP(地震负视速度法)、TST(隧道地震成像技术)、HSP(水平声波剖面法)、TRT(真地震反射成像技术)等方法。

最常用的弹性波反射法为 TSP 法。TSP 超前地质预报是通过人工制造一系列规则布置的轻微震源,由三维地震波接收器采集回波信号,通过分析预测前方地质情况的超前地质预报方法,此方法探测距离较长(一般为 100~150m),准确性较高,对隧道施工干扰小。主要用于探测地层界线、隐伏断层、破碎带、地下洞穴、含水层分布等。

TSP 超前地质预报原理见图 2-6。

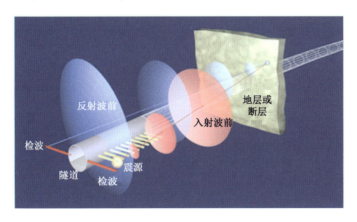

图 2-6　TSP 超前地质预报原理图

TSP 每次可探测 100～200m，为提高预报准确度和精度，可采取重叠式预报，每开挖 100～150m 预报一次，重叠部分不小于 20m。

TSP 作业长度不宜小于 50m，一般在隧道边墙钻设 1 个接收器孔和 24 个爆破孔，接收孔埋置接收器管，爆破孔孔径 35～38mm；接收器孔深 1.5～2m，孔径 43～45mm，炮孔应沿轴径向布置，向下倾斜 10°～20°，高度应离地面约 1m，第一个炮孔离接收器宜为 15～20m，其余炮孔间距宜为 1.5m 左右。接收器孔位置距离掌子面不宜小于 50m，左、右边墙应各布置一个，向上倾斜 10°左右，高度应离地面约 1m，最后一个爆破孔距掌子面约为 0.5m。安装接收器套管时宜采用环氧树脂、锚固剂或加特殊成分的不收缩水泥砂浆作为耦合剂。

TSP 炮孔装药宜采用乳化炸药，每孔装药量不得大于 75g，起爆应采用瞬发电雷管，起爆顺序应按炮孔序号递增或递减的方式进行，起爆前炮孔应用水或其他介质填充，封住炮口，确保激发能量绝大部分在地层中传播。

TSP 记录装置接收并记录地震波信号后，应通过专用软件进行处理分析，并形成地质预报成果以指导施工。

TSP 超前地质预报作业见图 2-7，布置图见图 2-8。

图 2-7　TSP 超前地质预报现场作业图

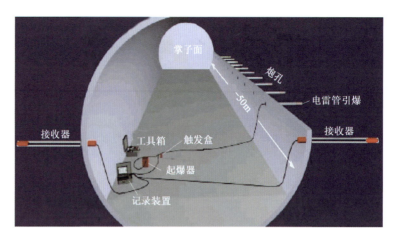

图 2-8　TSP 超前地质预报现场布置全图

(2) 电磁波反射法

电磁波反射法是指利用由掌子面发射高频电磁波脉冲遇到异常地质体或介质分界面时发生反射并返回的特性来进行超前地质预报的方法。此方法现场施作快,但探测有效距离短(一般为 15~30m),20m 以内精度较高。对使用环境要求较高,钢拱架、钢筋网锚杆等金属构件会影响探测结果。地质雷达可用来划分地层、查明断层破碎带、滑坡面、岩溶、土洞、地下洞室和地下管线,也可用于水文地质调查。

常用的电磁波反射法为地质雷达法。地质雷达的探测距离约为 30m,前后两次预报重叠长度不应小于 5m。

地质雷达宜选用频率相对较高的天线,当探测对象情况复杂时,应选择两种及以上不同频率的天线。当多个频率的天线均能符合探测深度要求时,应选择频率相对较高的天线。

掌子面宜布设两条平行测线,必要时可布置成井字型或网格型,测线表面应相对平整、无障碍,测试过程中,应保持工作天线的表面与探测面基本平行,距离相对一致。

地质雷达宜采用连续测量的方式,不能连续测量的地段可采用点测。点测时天线应处于静止状态,点测距不宜大于 0.2m,记录反射波信息进行分析并编制探测报告。

地质雷达现场作业见图 2-9。

(3) 高分辨直流电法

高分辨直流电法是指在隧道内布置供电电极,通过分析电场或电磁场的分布规律,预报开挖工作面前方储水、导水构造分布和发育情况的一种直流电法探测技术。

高分辨直流电法有效预报距离不宜超过 80m,连续探测时前后两次应重叠 10m 以上。

现场采集数据必须布设三个以上的发射极(A 极),间距 4m。接收极(M、N 极)间距 2m。无穷远电极(B 极)应大于 4 倍的探测距离。

高分辨直流电法测线布置见图 2-10。

(4) 红外线法

红外线法是指通过红外线探水仪接收岩体的红外辐射强度,根据辐射场强的变化值来确定掌子面前方有无含水构造的探测方法,此方法可以实现对隧洞全空间、全方位探测,仪器操作简单,能预测到隧洞外围空间及掘进前方30m范围内是否存在隐伏水体或含水构造,而且可利用施工间歇期测试,基本不占用施工时间。但这种方法只能确定有无水,至于水量大小、赋水形态、具体位置没有定量解释。

图2-9 地质雷达超前地质预报现场作业图

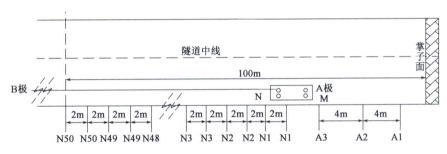

图2-10 高分辨直流电法测线布置示意图

探测时采用红外线探水仪,红外探测每循环可探测30m,前后两次预报重叠长度不应小于5m。对已开挖段进行探水时,在拱顶、边墙和底部沿轴线方向布置测线,点距宜为5m,对掌子面前方进行探水时,掌子面上均匀布置测点。

红外线探水现场作业见图2-11。

图2-11 隧道红外线探水现场作业图

第三节 超前地质预报方法选择

地质预测预报工作的方法、手段和内容应根据勘测设计预测的地质灾害风险分级确定,地质灾害风险分级见表 2-1。

地质灾害风险分级　　　　表 2-1

地质灾害分级	严重	较严重	一般	轻微
破碎地层稳定程度	大型断层破碎带、自稳性差、富水、可能引起大型失稳坍塌	中型断层带、软弱、中~弱富水、可能引起中型坍塌	中小型断层、弱富水、可能引起小型坍塌	中小型断层、无水、掉块
地质因素对施工的影响程度	危及施工安全,可能造成重大安全事故	存在安全隐患	可能存在安全隐患	局部可能存在安全隐患
诱发环境问题的程度	可能造成重大环境灾害	施工、防治不当,可能诱发环境因素	可能出现一般环境问题	无

地质灾害风险确定为严重等级的,应采用工作面地质素描、弹性波反射法、地质雷达、红外探水、超前水平钻探等手段进行综合预报;确定为较严重等级的,应以工作面地质素描、弹性波反射法为主,辅以地质雷达、红外探水,必要时进行超前水平钻探;确定为一般等级的,应以工作面地质素描为主,对重要地质(层)界面、断层或物探异常地段,可采用弹性波反射法进行探测,必要时采取红外探水、超前水平钻探;确定为轻微等级的,可采用工作面地质素描进行预测预报。地质预测预报方法的选择应在地质灾害风险分级的基础上,根据设计和实际情况选择有针对性和可操作性的预报方法。

第四节 超前地质预报流程

实施超前地质预报前应首先收集和熟悉已有资料,提出预报的计划和重点,配合工程进度,开展现场实测,最后由地质、物探及相关工程专业人员对地质预报资料进行系统处理和分析,提出预报意见成果。超前地质预报工作流程见图 2-12。

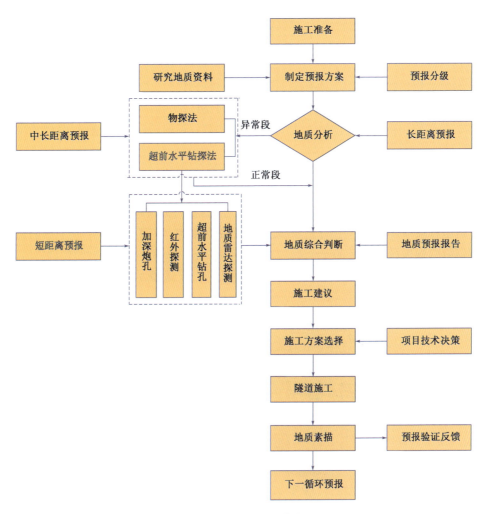

图 2-12　超前地质预报工作流程图

第五节　主要安全风险分析

超前地质预报施工过程中存在的一般安全风险主要有：火工品爆炸、高处坠落、物体打击、机械伤害、车辆伤害、触电等。另外还存在工作面坍塌、突泥涌水、中毒窒息等特有的安全风险。

（1）工作面坍塌：实施超前地质预报过程中工作面围岩稳定性差、初期支护不到位造成工作面坍塌。

（2）突泥涌水：掌子面前方地质预报不准确、超前钻探安全措施不到位、软弱破碎带地层未设置止浆墙等原因导致突泥突水事故。

（3）中毒窒息：超前地质钻孔预报时，有毒有害气体涌出造成作业人员中毒窒息。

第六节　主要安全控制要点

主要安全控制要点如下：

(1)超前地质预报涉及的工种有电工、隧道工、爆破作业人员、设备操作司机等，其中电工等特殊工种及爆破作业人员、设备操作司机应持证上岗。

(2)超前地质预报工作必须纳入现场施工组织统一管理，并应编制超前地质预报的安全保障措施。

(3)超前地质预报人员必须经过隧道施工安全教育培训，并掌握安全操作技术和安全生产的基本知识。

(4)地质预报工作必须在隧道找顶作业结束后（高地应力区隧道应待工作面支护完成后）进行，开始工作前应观察操作空间上方、周围有无安全隐患，特别是钻探开挖工作面附近是否还有危石存在，确保预报人员的安全。

(5)隧道超前地质预报施工前，划定安全作业区域，设置警示标志，禁止无关人员进入工作区域。超前地质预报作业区域划定见图2-13。

图2-13　超前地质预报划定作业区域示意图

(6)超前地质预报作业区域应有足够的照明，满足数据采集和预报作业人员安全操作的需要。

(7)超前地质预报使用作业台架、高空升降车等设备时，设备应安设牢固，操作人员应遵守高处作业的有关规定。

(8)进行超前地质预报，应加强通风和有害气体检测，空气质量应符合卫生及安全标准。

(9)采用钻探法预报时，严禁在残孔内加深炮孔进行探测。

(10)采用地震波反射法预报时，炸药和雷管必须由持有爆破证的专人领取和操作，非专业人员严禁从事爆破作业。

(11)采用TSP等弹性波反射波法进行地质预报时，爆破作业时须设置警戒区域，人员撤离到安全距离以外。

（12）地质钻机应状态性能良好,摆放平稳,禁止停在有落石或岩崩危险的部位。

（13）钻机使用的高压风、高压水各连接部件均应采用符合要求的高压配件,管路应连接牢固并经常检查。

（14）超前钻探地质预报时,严禁在钻孔的正后方站人,以防钻具和高压冲出的岩屑、泥沙等伤人。

（15）在水压较高的隧道进行超前钻孔作业时,钻孔设备应采取防突水突泥冲出的反推或栓锚措施。超前地质预报钻孔设备反推装置设置见图2-14。

图2-14　超前地质预报钻机反推装置设置示意图

（16）超前钻探过程中,发现岩壁松软、掉块或钻孔中的水压、水量突然增大,以及有顶钻等异状时,必须停止钻进,立即撤出人员并上报处理。

（17）隧道通过煤系地层和采空区时,应查明采空区与隧道的空间关系,分析评价其危险程度及对隧道的影响程度。

（18）揭煤施工必须做好通风、防突、防爆及瓦斯检测工作,设置消防设施;做好施工监测数据处理分析后的信息反馈,为相关人员提供决策依据或参考,防止因揭煤引起瓦斯和煤突出。

（19）施工监测信息应及时分析、反馈,变化异常区段应加强监测,并提出相应的对策措施。

（20）监测仪器、元器件及其构成的监测系统应可靠、耐久、稳定,并按要求进行相应的校对、标定和检查。

（21）施工监测应建立数据记录、计算、分析、复核及审核制度,数据应准确、可靠、具有可追溯性。

隧 道 施 工 安 全 技 术

第三章 PART 3
洞口工程

第一节 洞口工程概述

洞口工程是指隧道进出口部分的构造物,一般包含排水设施、土石方及边仰坡防护、明洞、洞门等。

排水设施包括边仰坡截、排水沟和洞口排水沟等。

边仰坡防护有临时防护和永久防护两种类型。临时防护一般采用锚喷支护,永久防护主要有抗滑桩、护面墙、挡土墙、锚杆及锚索框架、植被防护、主动及被动防护网等。

隧道洞门形式主要有端墙式、翼墙式、柱式、台阶式、斜切式、环框式、遮光式等。各种洞门的作用及使用条件见表3-1。

各种形式洞门的作用及适用条件　　　　　　　　　　　表3-1

洞门形式	适用条件	主要作用
端墙式洞门	地形开阔、地层基本稳定的洞口	支护洞口仰坡并将仰坡水流汇集排出
翼墙式洞门	地质条件较差的洞口	支护洞口边仰坡并将边仰坡水流汇集排出
柱式洞门	地形较陡、地质条件较差	支护洞口仰坡并将仰坡水流汇集排出,增加端墙的稳定性
台阶式洞门	洞口地形横向坡度较大	降低仰坡的开挖高度,减少土石方开挖量
环框式洞门	洞口石质坚硬、地形陡峻且无排水要求	抵抗山体纵向推力,阻挡落石,降低光线突变对视觉的影响
斜切式洞门	洞口地形较宽敞、边仰坡稳定性好	消减微气压波,增加入口段的亮度

各种形式洞门形式如图3-1～图3-7所示。

图3-1 端墙式

图3-2 翼墙式

第三章 / 洞口工程

图3-3 柱式

图3-4 台阶式

图3-5 斜切式

图3-6 环框式

图3-7 遮光式

第二节 施工工艺流程及要点

一、施工工艺流程

为确保隧道施工安全,洞口工程应尽早施作,一般Ⅲ级及以下围岩应在洞身开挖120m之前完成，Ⅳ级及以上围岩应在洞身开挖90m之前完成。洞口工程施工过程中应做好边仰坡位移、地表沉降、地表裂缝、支护结构变形、周边建（构）筑物变形等的监控量测，雨季施工及存在不良地质时，应加大监控量测频率。洞口工程施工工艺流程见图3-8。

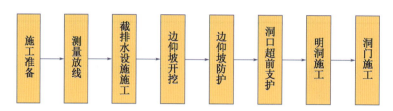

图3-8　洞口工程施工工艺流程图

二、主要技术控制要点

1. 排水设施施工

洞口边、仰坡上方的截排水沟应及时施作。对土质截排水沟应随挖随砌，不使水冲刷坡面。

施工前，要先清理山坡上的松动危石、孤石，防止施工过程中落石伤人。

排水设施一般采用浆砌片石、预制块或混凝土结构，如图3-9及图3-10所示。沟槽采用人工配合机械开挖，小型打夯机夯实沟底。

图3-9　现浇混凝土块截水沟

图3-10　预制块截水沟

排水系统完成后应保证排水顺畅、坚实美观，应与洞口周围原有的排水系统顺接。

2. 土石方开挖

开挖前应采用人工配合挖掘机清除洞口及明洞开挖范围内原地面的植被、表土及危石，边仰坡坡顶以外范围的植被禁止砍伐破坏。

洞口边仰坡开挖应按照"早进洞、少开挖"的原则进行，自上而下分层开挖（图3-11）、分层防护，严禁掏底开挖或上下交叉开挖。地质不良时，边仰坡必须采取加固措施。

开挖过程中需要爆破的，应该严格遵守《爆破安全规程》（GB 6722）的有关规定。洞口邻近建、构筑物时，应采取微震控制爆破，并监测震速，必要时对周围建（构）筑物进行加固处理。

每次爆破后,必须先检查、清除边仰坡上的松动石块,方可进行后续施工。发现边仰坡出现开裂等异常情况时,必须采取相应的加固措施。

3. 边仰坡防护

当洞口位于偏压或滑坡地段时,一般采取减载反压、设置锚杆或锚索框架、抗滑桩、反压挡土墙等处理措施。偏压严重地段必要时可采用半明半暗方式进洞。

当洞口边坡陡峭,存在崩塌、落石危险时,可采取主动或被动防护网等措施,必要时可加长明洞。

抗滑桩、坡顶外主动防护网及被动防护网应在边仰坡开挖前完成,坡面锚喷等临时防护和永久防护应紧跟土石方开挖尽早完成,多级边仰坡应开挖一级防护一级(图3-12)。

图3-11　土石方自上而下分层开挖

图3-12　边仰坡开挖一级防护一级

(1)喷锚防护施工要点

①锚杆

锚杆钻孔应严格按设计间距进行孔位布设,孔位偏差不大于5cm;钻孔与岩面垂直;钻孔深度及直径与杆体相匹配。

锚杆安装前应先进行灌浆,再插锚杆,灌浆必须饱满,待浆液终凝后,安装孔口垫板。

杆体插入锚杆孔时,保持位置居中,锚杆杆体露出岩面长度不大于喷层厚度。

②钢筋网施工

钢筋网使用前应清除锈蚀。

钢筋网应随岩面的起伏铺设,与岩面的间隙为3cm。

钢筋网之间的搭接长度为1~2个网格,搭接处用直径2~4mm的镀锌铁线绑扎牢固。

钢筋网与锚杆连接牢固,在喷射混凝土时钢筋不晃动。

③喷射混凝土

喷射混凝土前应对岩面进行检查,清理浮土、危石。

喷射混凝土前应设置控制喷射混凝土厚度的标志。

喷射作业分段、分片、分层,按由下而上、从里到外顺序进行,有较大凹洼处,先喷射填平。在喷射混凝土初凝后方能喷射下一层。

喷嘴与受喷面尽量保持垂直,距受喷面0.6~1.0m。喷射料束以垂直受喷面为最佳,喷射料束运动轨迹,环形旋转水平移动并一圈压半圈,环形旋转直径约为 0.3m,喷射相邻区域时,依顺序由第一行起点上面开始,新旧喷射面搭接 2~3cm。

边仰坡锚喷防护施工见图 3-13 及图 3-14。

图 3-13　喷射混凝土

图 3-14　喷锚防护

(2)抗滑桩主要施工要点

抗滑桩有矩形桩和圆形桩两种形式,一般采用人工挖孔施工。施工前应编制专项施工方案并按规定审批,深度大于 16m 或深度小于 16m 但地质条件复杂或存在有毒有害气体分布的抗滑桩工程须经专家论证、审查。

①桩身开挖

桩身开挖前应先做好锁口,锁口应高于地面 30cm 以上,孔口地表设置截、排水措施。

桩身应分节开挖,每节高度宜为 0.6~2.0m,每一节开挖完成后,应及时施作护壁,渣土提升设备应有可靠的防脱钩、防倾倒措施。

同排桩施工应跳槽开挖,相邻桩孔不得同时开挖,相邻两孔的一孔浇筑混凝土时另一孔内不得有作业人员。

②钢筋笼制作及安装

钢筋笼可孔外制作成型,整体或分段吊入孔内,也可在孔内绑扎成型。主筋宜采用机械连接,接头错开。同一截面钢筋接头不大于 50%。

③混凝土灌注

孔内无积水时,可采用漏斗加串筒灌注;孔内有积水且无法排净时,可采用导管水下灌注。灌注必须连续,不得中断。

抗滑桩施工见图 3-15 及图 3-16。

(3)挡土墙主要施工要点

①基坑施工

基坑开挖前,应做好截、排水及防渗设施。

基坑应分段、跳槽开挖,开挖完成后应及时抽排积水,清理松软土石,夯实后进行地基承载力检测,如承载力不符合要求,则采取加大开挖深度或换填等方式处理。

②基础及墙身施工

浆砌片石挡墙一般采用挤浆法分层错缝砌筑,缝宽不超过 2cm,错缝距离大于 10cm,不应有垂直通缝,见图 3-17 及图 3-18;混凝土挡墙采用立模现浇。应按要求设置泄水孔、反滤层等,确保排水畅通。

图 3-15　抗滑桩桩身开挖

图 3-16　抗滑桩施工

图 3-17　浆砌片石施工

图 3-18　浆砌片石挡墙

③墙背回填

墙背回填应分层夯实,分层厚度不大于 20cm,回填边坡应挖成台阶,台阶长度不小于 2m,回填应在墙身结构强度达到设计强度的 75% 以上后进行。

(4)锚杆或锚索框架主要施工要点

①钻孔

锚孔一般采用潜孔钻机成孔。钻孔前应清除坡面浮石,松散、破碎地层等成孔困难地层可跟管钻进。

②锚筋体制作及安装

锚杆或锚索宜在加工场制作,锚索必须进行清污、除锈处理,下料应采用机械切割,严禁采用电弧切割。

锚筋体安装应与锚孔编号一致,保证锚筋体位于锚孔中心。

③灌浆

灌浆应采用孔底注浆法,灌浆压力宜不小于 0.2MPa,灌浆管应插至距孔底 50~100cm。

④框架梁及锚斜托台座施工

框架混凝土一般采用立模现浇,浇筑应从底面至顶面进行,浇筑完成后及时洒水覆盖养生。锚斜托台座应与框架一起浇筑并设置补浆孔。锚斜托台座的承压面应平整,并与锚筋轴线垂直。锚具及垫板应与千斤顶密贴,千斤顶与锚筋体位于同一轴线。

⑤张拉封锚

孔内砂浆及锚斜托台座混凝土强度达到要求后方可张拉,张拉设备必须配套标定,标定间隔期不得超过6个月。张拉采用张拉力和伸长量双控,以张拉力控制为主,以伸长量进行校核。张拉完毕后,切除超长锚筋,外露长度宜3~5cm,及时封锚。

锚索框架施工见图3-19~图3-22。

图3-19 钻孔灌浆

图3-20 框架梁立模浇筑

图3-21 张拉封锚处理

图3-22 锚索框架防护

(5)主动防护网主要施工要点

主动防护网是用钢丝绳网等各类柔性网包裹在坡面上,以限制坡面岩土体的风化剥落及崩塌,起到防护作用。它由锚杆、纵横向支撑绳、格栅网、钢绳网组成。

①锚杆施工

锚杆用于固定防护网并承受防护网传递的荷载。钻孔方向应与岩面垂直,孔深应比设计锚杆长度长5cm以上,清孔后向孔内注浆并插入锚杆,注浆材料一般采用水泥砂浆或纯水泥浆,应确保浆液饱满。

②纵横向支撑绳安装

支撑绳质量应符合国家标准《钢丝绳》(GB/T 8918)的要求。安装后应张拉紧,两端用绳卡与锚杆外露环套固定连接,支撑绳长度小于30m时应用三个,大于30m时应用四个。

③格栅网铺挂

格栅网从上向下铺挂,格栅网间重叠宽度不小于5cm,两张格栅网间用不小于 $\phi1.2mm$ 的铁丝缝合,缝合间距约1m。

④钢绳网铺设

钢绳网从上向下铺设并缝合,每张钢绳网均用缝合绳与四周支撑绳缝合并预张拉,缝合绳一般为 $\phi 8$ 钢绳,两端各用两个绳卡与网绳联结固定。

主动防护网施工见图 3-23 ~ 图 3-26。

图 3-23　支撑绳张拉

图 3-24　格栅网铺挂

图 3-25　缝合绳端头绳卡固定

图 3-26　主动防护网防护

(6)被动防护网主要施工要点

被动防护网由钢丝绳网、高强度铁丝格栅网、锚杆、工字钢柱、上下拉锚绳、消能环、底座及上下支撑绳等部件构成,其作用是阻挡坡面上方崩塌滚落的岩石。

①基座施工

基坑应人工开挖,禁止爆破开挖,基底为硬岩时,基座可直接安装在岩面上;基底为土质或软岩时,应设置钢筋混凝土基础,钢筋笼一般采用 φ16 螺纹钢筋制作。基座四角采用锚杆锚固,锚杆入岩深度不小于 5m,可预埋锚杆也可在基础混凝土灌注后钻孔安装锚杆,底部不平处用水泥砂浆找平。

② 拉锚绳及钢柱施工

拉锚绳基础应人工开挖,禁止爆破开挖,预埋钢丝绳锚杆并灌注混凝土,锚杆宜与拉锚绳方位一致。

将拉锚绳一端用绳卡暂时固定在基础锚杆上,另一端挂在钢柱顶端挂座上,将钢柱锚固在基座上,拉紧拉锚绳并用绳卡固定。

③ 消能环布置

消能环用于缓冲、减少落石突然撞击所产生的动能。消能环分布于上拉锚绳及上下各两根支撑绳上。

④ 上下支撑绳安装

将支撑绳的挂环端暂时固定于端柱上,调整消能环位置后拉紧支撑绳并用绳卡固定。

⑤ 挂钢绳网并缝合

钢绳网在两根钢柱之间铺设,从中间向两侧与支撑绳缝合,缝合绳两端用绳卡固定。

⑥ 格栅网的铺设

格栅网铺设在钢绳网内侧,上缘应高出上支撑绳,并翻转到钢绳网的外侧,叠盖宽度不小于 15cm。

相邻两块格栅网之间叠压宽度不小于 10cm。用扎丝将格栅网固定在钢绳上,每平方米的固定点不少于 4 个。

栅底部要沿边坡面向上铺设不小于 0.5m,封住下支撑绳与地面之间的缝隙,并用石块压住。

被动防护网施工见图 3-27 及图 3-28。

图 3-27 被动防护网挂钢绳网并缝合

图 3-28 拉锚绳及消能环

4. 明洞施工

明洞是指采用明挖法或露天修建的隧道洞口段衬砌结构,其主要作用是抵御洞口坍方、落石或泥石流等不良地质危害,适用于深路堑、浅埋等不宜采用暗挖法施工的地段。

当明洞地基为软弱地层时,可采取换填、碎石桩、旋喷桩、水泥搅拌桩及 CFG 桩等措施加固。

明洞结构先施工仰拱,后施工拱圈。拱圈混凝土施工采用模板台车作内模,组合钢模或木模作外模,泵送入模,对称浇捣,一次整体成型。

拱圈混凝土浇筑完毕并达到一定强度后,进行明洞防水层施工,明洞防水层与暗洞防水层的搭接长度不应小于500mm。防水层质量经检验合格后进行明洞回填,人工回填时拱圈混凝土强度不低于设计强度的75%,机械回填应在拱圈混凝土强度达到设计强度且拱圈外人工夯填厚度不小于1m后进行,回填应从下至上、对称分层进行,每侧回填厚度不大于300mm,两侧回填高差不大于500mm,压实度和坡度应符合设计要求。

明洞施工见图3-29及图3-30。

图3-29　明洞衬砌施工

图3-30　明洞回填

5. 洞门施工

洞门基础必须置于稳固的地基上,并满足设计承载力要求,否则应进行加固处理。

斜切式洞门混凝土与明洞连成整体同时浇筑。

端墙式及其他形式洞门与隧道衬砌分开施工,两者结构应紧密连接。为混凝土结构时,一般采用定型钢模、两侧同时浇筑。为浆砌结构时,采用坐浆法两侧对称分层砌筑。

洞门施工见图3-31及图3-32。

图3-31　洞门施工一

图3-32　洞门施工二

第三节　主要安全风险分析

隧道洞口施工过程中存在的一般安全风险主要有火工品爆炸、放炮伤害、触电、车辆伤害、机械伤害、起重伤害、物体打击等，另外还存在洞口及边仰坡坍塌、脚手架倒塌、高处坠落、落石伤人、中毒窒息等特有的安全风险。

(1)洞口及边仰坡坍塌：洞口施工过程中截排水措施不到位、开挖违反作业顺序、边仰坡支护不及时、洞口超前支护不到位、进洞方法不当、洞口段二次衬砌不及时、洞口山体偏压、滑层及降雨等导致隧道边仰坡失稳坍塌。

(2)脚手架倒塌：在边仰坡防护、大管棚及洞门等工程施工时，由于脚手架基础不坚实、搭设不规范等原因导致脚手架倒塌。

(3)高处坠落：在边仰坡防护、明洞及挖孔桩等施工中，临边防护及个人防护措施不到位导致高处坠落。

(4)落石伤人：洞口施工过程中，由于边仰坡及山体危石清理不彻底、防护不到位等原因造成的落石伤人。

(5)中毒窒息：抗滑桩人工挖孔过程中，孔内通风不及时、气体检测不到位等造成中毒窒息。

(6)放炮伤害：因爆破防护不到位、爆破安全距离不足、违规操作，发生火工品爆破，冲击波和飞石造成人员伤亡。

第四节　主要安全控制要点

(1)隧道洞口施工涉及的工种有电工、电焊工、钢筋工、混凝土工、架子工、起重工、防水工、木工、测量工、爆破作业人员、空压机司机、设备操作司机等，其中电工、电焊工、架子工、爆破作业人员、空压机司机等特殊工种及挖装运等机械操作人员应持证上岗。

(2)洞口施工前，应先清理洞口上方及侧方可能滑塌的表土、灌木及山坡危石，如图3-33及图3-34所示。

图3-33　清理山坡危石

图3-34　清理完洞口灌木

(3)洞口工程的截、排水系统应在进洞前完成,并应与路基排水顺接(图3-35),不得冲刷中期坡面、桥台锥体、农田屋舍,排水沟应随挖随砌。

图3-35 洞口截、排水系统顺接

(4)洞口施工应采取措施保护周围建(构)筑物、既有线、洞口附近交通道路。

(5)在不良地质段,应在进洞前按设计要求对地表及仰坡进行加固防护。

(6)陡峭、高边坡的洞口应根据设计和现场需要设安全棚、防护栏杆和被动防护网。

(7)洞口施工过程应该按规定进行监控量测工作。洞口边、仰坡坡面防护应符合要求,洞口施工应监测边、仰坡变形。

(8)洞口土石方开挖必须按设计要求进行边、仰坡放线,自上而下分层开挖、分层支护。不得掏底开挖或上下重叠开挖。

(9)隧道洞口施工时,下方不得停放机械、人员不得停留,与桥涵、路基和洞内施工交叉作业时,应做好安全防护措施。

(10)边、仰坡土石方开挖车辆运输线路或道路应保持平整、畅通。

(11)挖掘机、运输车等机械设备不宜在陡坡区域作业,停放场地应平整坚实并避开危险区域。

(12)洞口石质边、仰坡的开挖应采用预留光爆层法或预裂爆破法,严格控制爆破炸药用量。进行爆破作业时,所有人员必须撤离到安全区域。严禁采用深眼大爆破或集中药包爆破开挖。

(13)洞口邻近处有建(构)筑物且使用爆破掘进的,应采用控制爆破技术,并应监测振动波速及建(构)筑物的沉降和位移。

(14)洞口开挖作业区应设置防护栏杆、防护网及人员专用上下通道。

(15)洞口边仰坡施工中应设专人观察,严禁在松动危石下方作业及上下重叠作业,防止落物伤人。

(16)人工辅助机械开挖时,作业人员之间、人员与机械之间应保持安全距离。

(17)挖掘机、运输车、风动钻机等常用施工机械及机具在操作和使用时,应检查和观察其安全性能和安全状态。

（18）钻机、注浆机及配套设备、风水管等施工机具的安全性能应良好，施工过程中确保钻机稳定牢靠，注浆管接头及高压风水管连接牢固。

（19）采取喷锚支护时，作业人员应佩戴防尘口罩，作业时喷嘴前方不得有人，暂停工作时，喷嘴不得对着人的方向放置。

（20）抗滑桩施工采用打桩机作业时，应采取措施加固和稳定重型机械；采用人工挖孔作业时，应设置人员上下升降设备、通风设备并采取防护措施，防止坠物伤人。

（21）洞口抗滑桩施工采用人工挖孔时要佩戴防护口罩，做好洞口防护和洞内的气体检测，开挖过程中要及时施做护壁。

（22）注浆作业时，应加强对注浆软管、接头的完好性和可靠性的检查，施工人员应有完善的保护用具，堵管处理应采取先减压再处理的措施。

（23）地表锚杆作业时应采取措施防止卡钻，注浆人员要佩戴防护用具。

（24）明洞衬砌台车应有足够的强度、刚度和稳定性；台车应设置限高、限宽、限速等安全警示标志；混凝土浇筑前确保外模及端模支撑稳固。

（25）明洞防水施工涂抹热沥青时，作业人员应佩戴防护口罩、手套、安全带等防护用具；卷材铺设时应严格遵守作业程序，不应上下同时作业。

（26）明洞衬砌强度未达到相关规定、防水层未完成时，不得回填，回填应分层对称夯实。

（27）洞门基础必须置于稳固的地基上，当地基承载力不能满足要求时，必须结合具体条件采取加固措施。

（28）洞门施工脚手架不得妨碍隧道洞口的车辆通行，并应按要求设安全网，防止人员、工具和材料坠落。

（29）洞口工程施工应避开雨季，并应及早完成。雷电、暴雨、大雾等恶劣天气不得进行爆破作业。

（30）加强洞口位置地质调查，不得已无法避开岩堆等不良地质体时，进洞前应先加固处理再进行洞口施工。

（31）高处施工时，钢管、锚杆、钢丝绳、钢立柱、防护网、石料等材料，不得集中堆载，做好防滚落措施。

（32）边仰坡防护脚手架、管棚作业平台、明洞施工脚手架、洞门施工脚手架等脚手架和作业平台应按方案搭设牢固，设置人员上下通道和防护栏杆，并应有安全检算。

（33）洞口施工场地狭窄，洞口施工必须营造良好的施工作业环境，做到工完料清，场地井然有序，夜间施工应有足够的照明，作业区域周边设置安全警示标志。

（34）隧道洞口场地必须硬化，设置围栏、值班室和人车分道，实施封闭管理，隧道洞口应配置电子门禁系统、视频监控系统和人员识别定位系统，实时显示洞内的人数及信息（图3-36～图3-39）。

图 3-36 洞口施工工完料清　　　　　　图 3-37 洞口场地井然有序

图 3-38 人车分道　　　　　　　　　　图 3-39 洞口门禁系统

第四章 PART 4
超前支护施工

第一节 超前支护概述

超前支护是指为保证隧道工程开挖工作面稳定,对工作面前方围岩进行预加固支护的一种或多种辅助措施。

超前支护形式多样,常用的有超前大管棚、超前小导管、超前锚杆等形式,复杂地层还采用帷幕注浆、水平旋喷桩、冻结法、超前玻璃纤维锚杆等形式。

应根据不同的地质情况、施工环境、施工单位的设备配置及工艺水平等情况合理选择超前支护形式,超前支护施工前应做好超前地质预报,进一步探明前方地质情况,制定合理的施工方案,确保施工安全。

第二节 施工工艺流程及要点

一、超前大管棚施工

超前大管棚是指在开挖工作面的轮廓线外,按一定的外插角插入直径为70～180mm的带孔钢管,压注浆液,对围岩超前加固的支护方式。主要适用于隧道浅埋段、洞口偏压段、软弱围岩及断层破碎带等地层超前加固。

超前大管棚主要优点为:支护整体性好、刚度大、一次性支护长度长。主要缺点为:施工工艺较复杂、需使用大型钻机,洞内施工一般须开挖工作室。

超前大管棚见图4-1。

1. 施工工艺流程

超前大管棚施工工艺流程见图4-2。

2. 主要技术控制要点

(1)管棚加工

超前大管棚一般采用热轧无缝钢管分节加工,分节长度一般为3m和6m。插入岩体的端头须加工成长度为10～20cm的锥形。

图4-1 超前大管棚现场图

钢管管节采用丝扣连接,管节两端车内、外丝,丝扣长不宜小于15cm。

管体须用钻床钻 $\phi6\sim\phi8mm$ 的注浆孔,注浆孔间距为15～20cm,注浆孔呈梅花形布置。为提高管棚刚度和抗折能力,可在管内安装小型钢筋笼。

大管棚加工见图4-3。

(2)套拱或工作室施工

洞口施作管棚时,为保证大管棚外插角及间距准确,一般须设置钢架混凝土导向套拱,套拱内轮廓应大于明洞外轮廓,并预留足够的沉落量。套拱内预埋导向管,导向管管径、长度、间距及角度等应准确。套拱完成后,用喷射混凝土封闭周围仰坡面,作为注浆时的止浆墙。套拱拱脚应落在坚实基础上,保证拱脚承载力,套拱混凝土强度达到要求后方可进行后续施工。

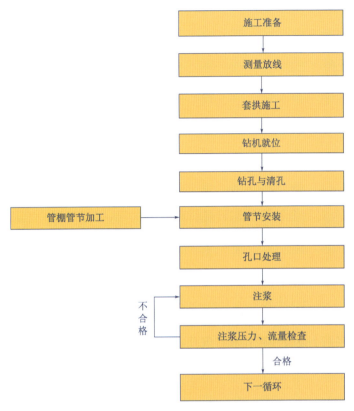

图4-2 超前大管棚施工工艺流程图

图4-3 大管棚管节加工现场图

洞内施作大管棚时,为了满足大管棚施工和钻孔设备技术要求,在大管棚施工前,必须沿隧道开挖轮廓线向外扩挖形成大管棚施工工作间,扩大洞室及周边应进行加固,确保结构稳定。大管棚工作间一般纵向长8~10m,径向外扩80~100cm。

大管棚套拱施工见图4-4。

图 4-4　大管棚套拱施工现场图

(3) 钻孔及安装

超前大管棚一般采用专用管棚钻机钻孔,孔径应大于管棚直径 1.5cm 以上。

有套拱的大管棚钻进通过套拱上预埋的导向管导向,钻杆穿过导向管间隔钻孔,钻孔过程中应经常测量钢管的偏斜度,发现偏斜过大时,及时纠偏。

无套拱的大管棚钻进通过导向仪自动导向,钻进过程中随时监控钻进方向,出现偏离及时校正。

管棚钻孔应间隔进行,成孔后将管棚分节用机械顶入。遇成孔困难地层可采用跟管钻进,随钻进进尺将管棚依次打入,成孔和管棚安装一次完成。

钢管下管前要先对每个钻孔的钢管进行配管和编号,以保证同一断面上接头数不超过 50%,相邻钢管接头至少错开 1m。

大管棚钻孔见图 4-5。

(4) 管棚注浆

为避免钻孔与注浆同时作业发生串浆,应钻一孔注一孔。

注浆方式一般采用孔口压入式或后退式注浆,孔口压入式注浆应在管棚外露端头设置止浆阀门,在孔口堵浆塞上设置注浆孔和排气孔,在管内安设塑料硬管至孔底与排气孔相连,作为注浆的排气管,应作好导向管与管棚及管棚与注浆管、排气管间隙的封闭。后退式注浆应将带止浆塞的芯管插入注浆孔底,使止浆塞膨胀封管止浆,从孔底向孔口分段注浆,每次注浆段长度宜为 1.5~3.0m。

注浆浆液可采用水灰比 1:1 的水泥浆或水泥与水玻璃双液浆,双液注浆一般参数为水泥浆水灰比 0.8:1~0.8:1.1,水泥浆与水玻璃体积比 1:0.3~1:0.8,水玻璃模数 2.4~3.4,波美度 30~40。注浆压力初压宜为 0.5~1.0MPa,终压为宜为 2.0MPa。注浆结束标准控制采取压力为主、注浆量为辅的方式。

大管棚注浆见图 4-6。

图 4-5　大管棚钻孔现场图

图 4-6　大管棚注浆现场图

二、超前小导管施工

超前小导管是指在开挖前,沿开挖面的拱部外周按一定外插角钻孔插入直径为38~70mm的带孔钢管,压注浆液,并将钢管尾部与钢架焊接为一体形成的支护方式,主要适用于隧道软弱段、破碎段、浅埋段等围岩自稳能力差地层的超前加固。

超前小导管主要优点为:施工工艺简单快捷,采用小型机具即可施工,作业面多个位置可同时作业。主要缺点为:整体刚度较小,一次性支护长度较短。

超前小导管见图4-7。

图4-7 超前小导管现场图

1. 施工工艺流程

超前小导管施工工艺流程见图4-8。

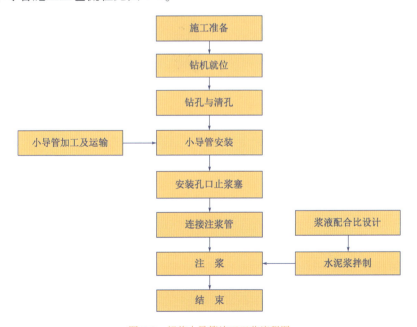

图4-8 超前小导管施工工艺流程图

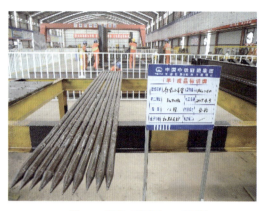

图 4-9　超前小导管加工现场图

2. 主要技术控制要点

（1）小导管加工

超前小导管一般采用热轧无缝钢管,插入岩体的端头须加工成圆锥形,注浆孔间距为 15~20cm,梅花形布置,尾部设加强箍。

超前小导管加工见图 4-9。

（2）钻孔与小导管安装

锚孔一般采用锚杆钻机或风钻钻孔,孔位、外插角应满足设计要求,孔深应大于设计长度,孔位偏差为 ±50mm,外插角一般为 10°~15°。

小导管一般采用钻机引孔安装或直接由钻机顶入,纵向水平搭接长度不小于 100cm。

和钢架联合支护时,应从钢架腹部穿过,尾端与钢架焊接。

安装小导管后,管口宜采用麻丝和锚固剂封堵钢管与孔壁间空隙,管口安装封头和孔口阀。

超前小导管钻孔见图 4-10,安装见图 4-11。

图 4-10　超前小导管钻孔现场图

图 4-11　超前小导管安装现场图

（3）注浆

注浆浆液一般采用水泥浆或水泥—水玻璃双液浆,注浆压力控制在 0.5~1.0MPa。注浆按由下至上的顺序。施工结束标准以终压控制为主,注浆量校核。当注浆压力为 0.7~1.0MPa,持续 15min 即可终止。

注浆后至开挖的时间间隔,应视浆液种类决定。当采用单液水泥浆时,开挖时间为注浆后 8h,采用水泥—水玻璃浆液时为 4h 左右。开挖时应保留 1.5~2.0m 的止浆墙,防止下一次注浆时孔口跑浆。

超前小导管注浆见图 4-12。

三、超前锚杆施工

超前锚杆是指在隧道开挖前,沿开挖面的拱部外周按一定外插角设置的起预加固围岩作用的锚杆。主要适用于隧道软弱段、断层破碎段等稳定性较差地层超前加固。

超前锚杆主要优点为：施工工艺简单，采用简单机具即可施工，可多点同时作业。主要缺点为：整体刚度较小，一次性支护长度较短。

超前锚杆施工现场见图4-13。

图4-12　超前小导管注浆现场图　　　　图4-13　超前锚杆施工现场图

1. 施工工艺流程

超前锚杆施工工艺流程见图4-14。

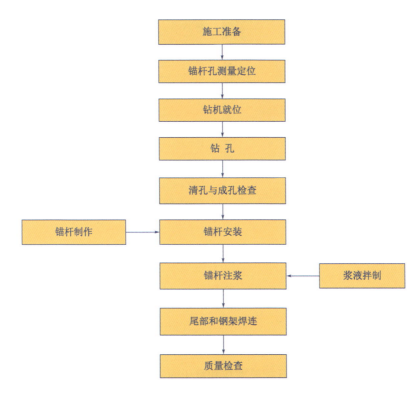

图4-14　超前锚杆施工工艺流程图

2. 主要技术控制要点

(1) 测量放线

开挖断面检查合格后,应按设计要求及地层情况在岩面上画出本循环锚杆孔位,做好标记。孔位允许偏差为±50mm。

(2) 钻孔

钻孔可采用专用锚杆钻机或利用多功能台架人工手持风钻成孔,钻孔按设计外插角进行。钻孔孔径应不小于锚杆直径40mm;钻孔深度偏差为±50mm。当超前锚杆和钢架配合使用时,应在钢架腹板上按锚杆设计间距加工预留孔洞,宜先安装钢架,再穿过预留孔洞钻孔、安装锚杆。

超前锚杆钻孔见图4-15。

(3) 锚杆安装

将锚杆的尾部和系统锚杆的环向钢筋或钢架焊连,以增强共同支护作用。

超前锚杆搭接长度应大于1m,锚杆插入孔内的长度不得小于设计长度。

超前锚杆宜和钢架支撑配合使用,外插角宜为5°~20°,锚杆长度宜为3~5m,并应大于循环进尺的2倍。

孔位经检查验收合格后,将锚杆慢慢顶入距孔底3~5cm处。杆体插入后,及时将孔口用水泥砂浆或其他堵塞物堵塞严密,并设置排气孔。

超前锚杆安装见图4-16。

图4-15 超前锚杆钻孔现场图

图4-16 超前锚杆安装效果图

(4) 锚杆注浆

注浆材料按设计要求(一般采用水泥砂浆),注浆压力应保持在0.3MPa左右,使浆液慢慢注入,当排气孔有浆液流出时,关闭排气孔,稳压注入3~5min后停止注浆。超前锚杆注浆见图4-17。

四、帷幕注浆

帷幕注浆是指隧道开挖前,沿开挖轮廓线和掌子面,按一定的间距钻孔,向孔内压注浆液,对隧道围岩进行改良以止水和稳定掌子面的超前加固方式。主要适用于隧道涌水涌泥段、断层破碎带及高压富水段等地层超前加固。

帷幕注浆主要优点为：施工工艺相对简单，加固范围广，止水见效快。主要缺点为：施工周期长，浆液可控性较差，易出现串浆和跑浆现象。

帷幕注浆施工见图 4-18。

图 4-17　超前锚杆注浆现场图　　　　图 4-18　隧道帷幕注浆现场图

1. 施工工艺流程

帷幕注浆施工工艺流程见图 4-19。

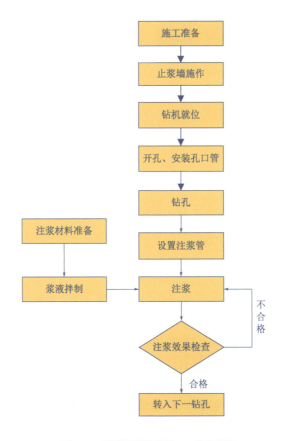

图 4-19　隧道帷幕注浆施工工艺流程图

2. 主要技术控制要点

(1) 止浆墙施作

止浆墙一般采用模筑混凝土结构,施作前对掌子面出水点进行引流。为保证注浆孔钻进方向准确,应在止浆墙中按注浆孔位、外插角预埋孔口管,孔口管埋入长度宜为2~3m,外露长度宜为20~40cm。止浆墙可采用径向锚杆与隧道围岩连为一体,确保止浆墙的稳定。若注浆效果满足要求,后续止浆墙可利用已注浆未开挖的岩体代替。

帷幕注浆止浆墙见图4-20。

(2) 钻孔

止浆墙混凝土强度达到要求后,开始注浆孔钻进。钻孔一般采用水平地质钻机或管棚钻机等设备。钻孔按先外圈孔,后内圈孔的顺序进行,同一环钻孔应间隔进行,应钻一孔注一孔。

施钻过程中,若单孔出水量小于30L/min,可继续施钻;若单孔出水量大于30L/min,应立即停钻进行注浆,注浆完成后方可继续施钻。

帷幕注浆钻孔见图4-21。

图4-20 帷幕注浆止浆墙施作现场图

图4-21 帷幕注浆钻孔现场图

(3) 注浆

注浆方式根据设计和围岩情况有全孔一次性注浆、后退式分段注浆和前进式分段注浆三种方式,可根据围岩破碎程度、突泥涌水情况及成孔条件等选择。

全孔一次性注浆指直接将注浆管路接到孔口管上,在孔口处设止浆塞,利用孔口管进行全孔注浆的方式,主要适用于孔深小于6m或围岩较均匀的地层。

后退式分段注浆是指先直接钻孔至设计深度,而后在孔内安装止浆塞,从孔底开始,分段进行注浆,第一个分段注浆完成后,后退一个注浆段长度注浆,如此循环,直至整个注浆完成的方式,主要适用于围岩局部破碎易成孔的地层,注浆分段长度宜为0.6~1.0m。

前进式分段注浆是指自孔口开始,钻进一段,注浆一段,直至设计深度的方式,主要适用于围岩裂隙发育、破碎难以成孔的地层,钻孔注浆分段长度宜为3~5m。

注浆浆液一般采用水泥基浆液为主,在特殊地质段水泥基浆液难以达到效果时,可采用化学浆液作为补充,一般有水溶性聚氨酯、改性水玻璃、环氧树脂等。

注浆结束标准根据注浆压力和注浆量控制。当注浆压力逐步升高,达到设计终压并继续注浆10min以上,可结束本孔注浆;单孔注浆量与设计注浆量大致相同,可结束本孔注浆。

帷幕注浆孔注浆见图 4-22。

(4)注浆效果检查分析

一个注浆段注浆完成后,应检查注浆效果是否达到设计要求。常用的帷幕注浆效果检查方法有钻孔检查法、钻孔取芯法及压水试验法三种方法。

钻孔检查法是指通过钻设检查孔对孔内固结情况及渗水量进行检查,数量为注浆孔总数的 5%～10%。当孔内有坍塌、涌泥现象或渗水量大于设计渗水量时,应进行补注浆。帷幕注浆效果钻孔检查见图 4-23。

图 4-22 帷幕注浆孔注浆现场图

图 4-23 帷幕注浆钻孔效果检查现场图

钻孔取芯法是指通过钻孔取芯观察地层的注浆效果。

压水试验法是指对检查孔进行压水试验,当吸水量大于 $1L/(min·m)$ 时,应进行补注浆。

五、水平旋喷桩

水平旋喷桩是指沿隧道开挖轮廓线外高压旋喷注浆,旋喷固结体相互搭接咬合形成拱棚,对软弱地层进行超前加固的支护方式。主要适用于隧道淤泥层、黏性土、富水砂层等软土地层超前加固。

水平旋喷桩主要优点为:支护刚度大、支护长度长、隔水效果好。主要缺点为:工艺复杂、地层适用局限性大。

隧道水平旋喷桩超前支护见图 4-24。

1. 施工工艺流程

水平旋喷桩施工工艺流程见图 4-25。

2. 主要技术控制要点

(1)钻机就位

钻机一般采用专用水平旋喷钻机,安放时应保持水平,使其钻杆轴线垂直对准钻孔中心位置,钻杆保持垂直,其倾斜度不得大于 1%,钻机与高压注浆泵的距离不宜过远。钻机钻杆采

图 4-24 超前水平旋喷桩咬合成拱现场图

用钻杆导向架进行定位。

(2)钻孔、成孔

钻孔应按设计角度钻至预定深度。高压水成孔时,水压宜控制在 18~22MPa,采用钻头钻进成孔时,泥浆比重宜控制在 1.05~1.15,钻进应保持中速,遇硬层应减速慢钻,以防卡钻。

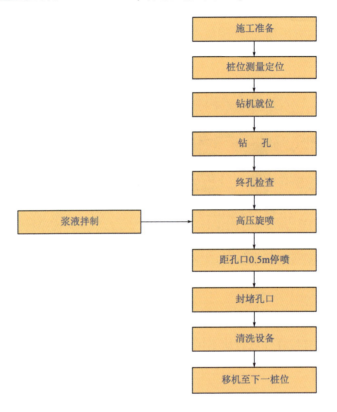

图 4-25　超前水平旋喷桩施工工艺流程图

图 4-26　水平旋喷桩钻孔现场图

注浆管随钻机钻头一起钻至预定的深度,在此过程中,为防止泥沙堵塞喷嘴,边射水、边插管,水压力一般不宜超过 1MPa。如压力过高,则易将孔壁射塌。

水平旋喷桩钻孔见图 4-26。

(3)高压旋喷

注浆液应严格按配合比配置,水灰比宜为 0.6:1~1:1。

根据喷射方法不同,喷射注浆分为单管法、二重管法和三重管法。单管法指使用单层注浆管仅喷射水泥浆的方法,单管法成桩直径较小,一般为 0.3~0.8m;二重管法是指使用分别输送空气、浆液的二重注浆管进行喷射的方法,二重管法成桩直径在 1.0m 左右;三重管法是指使用分别输送水、空气、浆液的三重注浆管进行喷射的方法,三重管法成桩直径一般在1.0~2.0m,但成桩强度较低。水平旋喷注浆工法的施工参数见表4-1。

水平旋喷注浆工法施工参数表　　　　　表4-1

项　　目		单　管　法	二　重　管　法
喷嘴直径(mm)		2~3	2~6
喷嘴个数(个)		2	2~4
钻杆旋转速度(r/min)		10~20	7~15
提升速度(cm/min)		10~20	7~15
桩长(m)		8~12	8~12
旋喷桩直径(mm)		300~800	800~1000
桩间距(mm)		500~600	500~600
拱棚最小厚度(mm)		400	400
加固体抗压强度(MPa)		10~25	10~25
高压泵1	压力(MPa)	30~40	30~40
	流量(L/min)	80~100(浆液)	80~100(浆液)
高压泵2	压力(MPa)	—	2~6
	流量(L/min)	—	100

当喷嘴达到设计深度,喷注开始时先送高压水清管,再送浆液和压缩空气。当喷液从喷嘴喷出并达到设计压力后开始旋喷,桩前端原地旋喷不少于30s。旋喷采用复喷工艺,即钻进到底后边后退边旋喷,二次钻进再次后退旋喷,旋喷接近孔口时停喷,严格控制旋喷速度和压力,以保证桩径和桩间咬合。

水平旋喷桩高压旋喷见图4-27,复喷工艺见图4-28。

图4-27　水平旋喷桩高压旋喷现场图

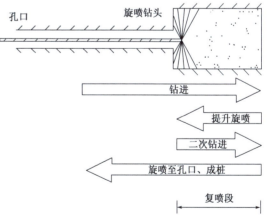

图4-28　水平旋喷桩复喷工艺示意图

(4)封堵孔口

每根桩喷射注浆完毕后应及时采用棉纱或木屑进行封口止浆。如需要时进行插筋,以增强桩体抗折强度。

六、冷冻法

冷冻法是利用人工制冷技术,使地层中的水结冰,把含水的天然岩土变成冻土,在冻土中或冻结壁保护下进行隧道施工的临时加固方法。主要适用于隧道断层破碎带、流沙层、淤泥层等易坍塌且富水地层的超前加固。

图 4-29 冷冻法施工现场图

冷冻法主要优点为:能有效隔绝地下水、无污染、适用地层范围较广。主要缺点为:施工工艺复杂、冷冻周期长、存在冻胀和融沉问题,围岩温度低影响喷射混凝土强度。

冷冻法施工见图 4-29。

1. 施工工艺流程

冷冻法施工工艺流程见图 4-30。

2. 主要技术控制要点

(1)冻结孔施工

冻结孔一般采用水平钻机钻孔,钻孔应采用干式钻进,当钻进困难时,可注水钻进。按确定的冻结孔位开孔,确保成孔精度。

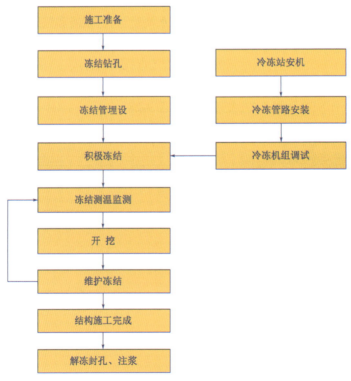

图 4-30 冷冻法施工工艺流程图

(2)冻结管安装

冻结管之间采用套管丝扣连接,接头螺纹紧固后再用手工电弧焊焊接,确保其同心度和焊接强度,冻结管一般选用 φ(89~108)×8mm、20 号低碳无缝钢管。在冻结管内下供液管和回液管,供液管和回液管一般选用 φ(32~60)×3.5mm 低碳无缝钢管,然后焊接冻结管端盖。冻结管安装完成后进行加压试漏,试漏压力控制在 0.8~1.2MPa,稳定 30min 压力无变化者为试压合格。

测温孔、泄压孔施工方法与冻结管相同,测温孔的作用是监测冻结帷幕范围不同部位的温度发展状况;卸压孔的作用是释放冻胀压力和根据显示的压力来判断冻结帷幕是否交圈,测温孔管、泄压孔管一般选用 φ(32~60)×3.5mm 低碳无缝钢管。

(3)冻结系统安装

冻结设备主要包括冷冻机组、配电柜、盐水箱、盐水泵、冷却水泵、冷却塔及冷却水池等。冻结系统一般由氨或氟利昂循环系统、盐水循环系统和冷却水循环系统组成。将三大循环系统按照先设备后管路分别进行安装调试。

盐水和冷却管路应用法兰连接,宜使用管架架设在隧道边墙上,冻结管和集配液圈应用高压胶管连接,冻结孔宜 3~5 个为一组进行串联,串联应尽量间隔进行,宜与每组冻结孔总长度相近并和每路盐水循环阻力接近。

在集配液圈与冻结器之间应安装阀门,以便控制冻结器盐水流量。在冷冻机进出水管上应安装温度计,在去、回盐水管路上应安装压力表、温度传感器和控制阀门,在盐水管出口应安装流量计,盐水箱应安装液面传感器。

冷冻机组低温管路与蒸发器、盐水箱、盐水干管的表面应使用 40~50cm 厚的聚苯乙烯泡沫塑料保温板进行保温。

冷冻设备见图 4-31,盐水管路见图 4-32,冻结系统安装见图 4-33。

图 4-31 冷冻设备现场图

图 4-32 盐水管路

(4)积极冻结

在对设备安装完毕之后,需要进行调试与试运转工作。在试运转时,需要对温度、压力等参数进行调节,以保证机组在正确设备技术参数以及相关工艺流程下运行,同时对流量、冻土帷幕情况以及盐水温度等做好定时的检测。在整个冻结系统正常运行之后,则进入积极冻结环节。积极冻结的盐水温度一般控制在 -30~-20℃,积极冻结的时间主要由设备能力、土质及环境等决定。

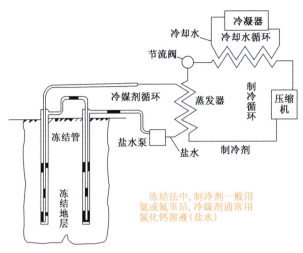

图 4-33 冻结系统安装示意图

（5）开挖

在积极冻结过程中，通过测温管测量温度数据，确定冻土帷幕交圈并达到设计厚度后进行探孔试挖。在开挖前用开孔器在离冻结管一定距离开探孔，以判断冻结帷幄厚度，确认无流动水后方可正式开挖。开挖时应严格控制步距，开挖后立即施作初期支护，确保施工安全。

开挖过程中应定期检测冻结壁暴露面的温度与变形，发现问题及时处理。

（6）维护冻结

正式开挖后，提高或保持盐水温度，从而进入维护冻结阶段。维持冻结盐水温度一般控制在 -25～-20℃。维护冻结时间由结构施工的时间决定。

七、超前玻璃纤维锚杆

超前玻璃纤维锚杆是指按照新意法的原理，在开挖前利用玻璃纤维锚杆对隧道掌子面前方围岩进行预加固的超前支护形式。主要适用于隧道软弱段、断层破碎段等稳定性较差地层掌子面加固。其主要特点有可挖除、杆体全段锚固、强度高、重量轻、安全性好等，其施工工艺和钢质锚杆基本相同。超前玻璃纤维锚杆见图4-34。

图 4-34 超前玻璃纤维锚杆现场图

第三节 主要安全风险分析

隧道超前支护施工过程中主要存在的一般安全风险有高处坠落、物体打击、机械伤害、车辆伤害、触电等,另外还存在隧道坍塌、突泥突水、有毒有害气体、浆液伤人、冻伤等特有的安全风险。

(1)隧道坍塌:超前支护和初期支护不到位、上一循环支护强度不足、冷冻法施工中冷冻效果差或冷冻中断等原因导致坍塌。

(2)突泥突水:超前地质预报不到位、岩溶和高压富水地段掌子面封堵及泄压等措施不到位,导致突泥突水事故。

(3)有毒有害气体:钻孔过程中有毒有害气体喷出,注浆过程中接触化学浆液,冷冻法施工接触氨,导致作业人员中毒或窒息。

(4)浆液伤人:注浆管接头连接不牢固或操作不当造成浆液喷出伤人。

(5)冻伤:冷冻法施工过程中冷冻液泄漏、操作人员接触冷冻体等原因造成冻伤。

第四节 主要安全控制要点

(1)施工前首先检查工作面是否处于安全状态,并检查支护是否牢固,顶板和两帮是否稳定,如有松动的石、土块或裂缝先予以清除或支护。

(2)施工前检验作业台架安全性能,台架应牢固可靠,四周应设置安全栏杆、安全网和上下工作梯,经验收合格后方可使用。严禁将支撑放在虚碴或软弱的岩石上,施工过程中保持稳定。

(3)检查钻机、注浆机及配套设备、风水管等施工机具的安全性能,施工过程中确保钻机稳定牢靠,注浆管接头、冷冻设备及高压风水管连接牢固并密封良好,防止爆管伤人。

(4)超前支护施工中应按作业程序和技术要求进行钻进、安装、注浆等作业。超前支护安全作业见图4-35。

图4-35 超前支护安全作业现场图

(5)在水压较高的隧道进行钻孔作业时,应选择适合较高水压的钻孔设备,钻孔设备应采取防突水突泥冲出的反推或栓锚措施。

(6)在高压富水地段钻孔时,作业人员不应站立在孔口正面,并注意观察钻渣排出和孔内出水的情况,出现异常及时报告处理。

(7)管棚作业换钻杆及超前小导管作业顶进钢管时,应防止钻杆、钢管掉落伤人。

(8)管棚作业起吊钻杆及其他物件时,应指定专人指挥,统一口令。起吊范围内任何人不得进入。

(9)管棚和小导管在作业平台上临时存放时,应根据平台设计荷载及安全性能检算结果确定存放数量和高度,同时应有防止其滚落、滑下的防护措施。在洞内空地堆放时除应采取防止其滚落的措施外,还应设置醒目的安全警示标志。

(10)水平旋喷钻机就位时,机座要平稳;设备的压力系统和管路系统性能良好,各通道和喷嘴内不得有杂物。注浆时控制好浆液压力和注浆量,严禁注浆压力超过注浆管和止浆设施的最大额定值,注浆管周边不得站人,防止爆管伤人。

(11)进行帷幕注浆前,应对后方已开挖地段一定范围内采取锚喷或混凝土加固措施,并检查止浆墙或止水岩盘及已开挖段的抗渗情况。

(12)冷冻法施工作业人员注意采取防冻措施,避免直接接触冷冻部位。

(13)冷冻设备须保证可靠连续运转,不得中断冷冻。

(14)避免直接与冷冻剂接触,不慎接触后应立即将冻伤部位放入温热水中浸泡。

(15)橡胶风水管、注浆管、冷冻管、冷冻液、木材、水泥等材料应严格按照物资管理规定进行使用、存放,并配备足够的消防器材。

(16)作业时避免直接接触速凝剂、水玻璃等腐蚀性材料,不慎接触后应立即用清水冲洗干净。

(17)超前支护应在完成开挖工作面的加固后进行,每循环之间应有足够的搭接长度与初期支护有效连接,确保掌子面稳定。超前支护每循环搭接见图4-36。

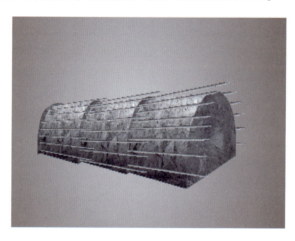

图4-36 超前支护每循环搭接示意图

(18)作业中应随时观察支护各部位,支护发生裂纹或变形时,作业人员及时撤离现场。

第五章 PART 5
隧道洞身开挖

第一节　洞身开挖方法简介

公路隧道洞身一般采用钻爆法开挖,开挖方法多种多样,主要方法有全断面法、两台阶法、两台阶环形开挖预留核心土法、三台阶法、中隔壁法(CD 法)、交叉中隔壁法(CRD 法)、双侧壁导坑法、中洞法(双连拱)等。

开挖方法应根据隧道的工程地质及水文条件、围岩级别、埋置深度、断面尺寸及监控量测情况等因素合理选择,应严格遵循"管超前、严注浆、短开挖、强支护、早封闭、勤量测"的施工原则,做好超前地质预报和监控量测工作,确保施工安全。

一、全断面法

全断面法是按设计断面将整个隧道一次开挖的隧道开挖方法,适用于Ⅰ、Ⅱ级坚硬围岩以及整体性较好的Ⅲ级围岩隧道。全断面法开挖见图 5-1。

图 5-1　全断面法开挖现场图

1. 工法特点

(1)工序少、干扰小,组织管理方便。

(2)开挖面大,便于机械化作业,爆破效果好(深眼爆破),进度快。

(3)开挖一次成形,爆破次数少,围岩扰动少。

(4)对地质条件要求严格,围岩必须有足够的自稳能力,地质条件变化时改变施工方法不易。

2. 施工步序

全断面法开挖施工步序见表 5-1。

全断面法施工步序　　　　　　　表 5-1

施工步序	示　意　图	说　明
第1步	1	全断面开挖及初期支护

续上表

施工步序	示 意 图	说 明
第2步	(图)	二衬施工

3. 主要控制要点

(1) 开挖应采用微震光面爆破技术,控制一次同时起爆的炸药量,减少爆破震动对围岩的影响。

(2) 当隧道地质条件发生变化时,必须根据情况及时变换适宜的开挖方法。

二、上下台阶法

上下台阶法施工是将隧道结构断面分成上下两个分部开挖的方法,适用于整体性较差或富水的Ⅲ、Ⅳ级围岩段。上下台阶法开挖见图5-2。

图5-2　上下台阶法开挖现场图

1. 工法特点

(1) 灵活性强,适应性广。

(2) 开挖断面较大,进度较快,仅次于全断面法。

(3) 初期支护封闭较快,有利于控制沉降。

(4) 上下台阶施工有干扰,增加围岩扰动次数。

2. 施工步序

上下台阶法开挖施工步序见表5-2。

上下台阶法施工步序　　　　　　　　　表 5-2

施工步序	示意图	说明
第1步	（上半断面，标注1）	上台阶开挖及初期支护
第2、3步	（下半断面左右标注2、3）	下台阶左幅开挖及初期支护 下台阶右幅开挖及初期支护
第4步	（衬砌标注4）	拱墙二次衬砌施工

3. 主要控制要点

（1）开挖应尽量采用微震光面爆破技术，控制一次同时起爆的炸药量，减少爆破震动对围岩的影响。

（2）台阶长度宜控制在 3~5m，围岩条件较好时，可适当加长。

（3）初期支护钢架拱脚必须落在牢固的基础上，及时施作锁脚锚杆（管），防止拱部下沉变形。上下断面钢架连接应平顺，螺栓连接应牢固。

（4）下台阶开挖应两侧交错进行，应在上台阶喷混凝土达到一定强度后开挖。

（5）当围岩不稳定时，上台阶进尺应为 1 榀拱架间距，下台阶进尺不应大于 2 榀拱架间距。

三、环形开挖预留核心土法

环形开挖预留核心土法是先开挖上部导坑弧形断面留核心土平台，再开挖下断面的开挖方法，适用于Ⅳ级偏弱及Ⅴ级围岩隧道。环形开挖预留核心土法开挖见图 5-3。

1. 工法特点

（1）留核心土支顶工作面，稳定性较好。

（2）上台阶施工不便于机械作业。

（3）施工速度次于上下台阶法。

图 5-3 环形开挖预留核心土法开挖现场图

2. 施工步骤

环形开挖预留核心土法施工步骤见表 5-3。

环形开挖预留核心土法施工步骤　　表 5-3

施工步骤	示意图	说　明
第 1 步		上台阶开挖及初期支护
第 2 步		核心土开挖
第 3、4 步		下台阶左幅开挖及初期支护 下台阶右幅开挖及初期支护
第 5 步		拱墙二次衬砌施工

3. 主要控制要点
(1) 核心土面积应不小于上台阶整个断面面积的50%,上台阶长度宜控制在3~5m。
(2) 核心土与下台阶开挖应在上台阶喷射混凝土强度达到一定强度后进行。
(3) 其他控制要点与台阶法相同。

四、三台阶法

三台阶法施工是将隧道结构断面分成上、中、下(含仰拱)三个分部进行开挖的方法,适用于Ⅳ级、Ⅴ级围岩隧道。台阶法开挖见图5-4。

图 5-4 三台阶法开挖现场图

1. 工法特点
(1) 稳定性优于两台阶法。
(2) 上台阶施工不便于机械作业。
(3) 分块较多、进度较慢。
(4) 上中下台阶施工有干扰,增加围岩扰动次数。

2. 施工步序
三台阶法施工步序见表5-4。

三台阶法开挖施工步序　　　　表5-4

施工步序	示意图	说明
第1步	1	上台阶开挖及初期支护
第2、3步	1　2　3	中台阶左幅开挖及初期支护 中台阶右幅开挖及初期支护

续上表

施工步序	示意图	说明
第4、5步	(图示)	下台阶左幅开挖及初期支护 下台阶右幅开挖及初期支护
第6、7、8步	(图示)	仰拱及填充、拱墙衬砌施工

3. 主要控制要点

(1) 上台阶长度宜控制在 3~5m，中台阶长度宜控制在 5~7m，围岩条件较好时，可适当加长。

(2) 仰拱一次开挖长度不得大于 3m，应及时施作，使支护及早闭合成环。

(3) 其他控制要点与台阶法相同。

五、中隔壁法（CD法）

中隔壁法，也称 CD 法，是将隧道断面分为左右部分进行开挖，先挖一侧，并在隧道中部设立钢支撑及喷混凝土组成的临时支撑隔墙，当先开挖一侧超前一定距离后，再开挖另一侧的开挖方法，左右侧均可按台阶法开挖。适用于Ⅳ~Ⅴ级围岩段、浅埋段及洞口段。中隔壁法开挖见图5-5。

图 5-5　中隔壁法（CD法）开挖现场图

1. 工法特点

(1) 变大跨为小跨,分部封闭快,支护刚度大,变形相对较小。

(2) 各分部断面较小,不便于机械施工,工序多,进度较慢。

(3) 左右侧导坑施工相互干扰大。

(4) 临时支撑的施作和拆除较困难、成本较高。

2. 施工步序

中隔壁法(CD 法)施工步序见表 5-5。

中隔壁法(CD 法)施工步序　　　　　　　　　表 5-5

施工步序	示意图	说明
第 1 步		左上导坑开挖、初期支护、中隔墙临时支护
第 2 步		左下导坑开挖、初期支护、中隔墙临时支护
第 3 步		右上导坑开挖、初期支护
第 4 步		右下导坑开挖、初期支护
第 5、6、7 步		仰拱及填充、拆除中隔壁、拱墙二次衬砌施工

3. 主要控制要点

(1) 开挖应采用弱爆破或人工配合机械开挖。爆破时严格控制炮眼深度及装药量。

(2) 各部开挖时,周边轮廓应尽量圆顺,减少应力集中。

(3) 先行侧下台阶开挖支护应超前后行侧上台阶 15m 以上。

(4) 上部导坑开挖循环进尺控制为 1 榀钢架间距,台阶长度宜控制在 3～5m,下部导坑开挖可依据地质情况适当加大。

(5) 初期支护及临时支护钢架拱脚必须落在牢固的基础上,及时施作锁脚锚杆(管),防止拱部下沉变形。上下断面钢架连接应平顺,螺栓连接应牢固。

(6) 临时支撑须在初期支护施工完毕并在围岩与初期支护变形基本稳定后方可拆除。

六、交叉中隔壁法(CRD 法)

交叉中隔壁法,也称 CRD 法,是将隧道分为左右两大部分进行开挖,左右侧均分为两台阶或三台阶,左右侧交叉施工的开挖方法。CRD 法与 CD 法施工的最大区别是设有横向支撑。CRD 法适用于围岩较差、断面较大、埋深较浅的 V 级围岩段。交叉中隔壁法开挖见图 5-6。

图 5-6　交叉中隔壁法(CRD 法)开挖现场图

1. 工法特点

交叉中隔壁法(CRD 法)工法特点与中隔壁法基本相同。

2. 施工步序

交叉中隔壁法(CRD 法)施工步序见表 5-6。

交叉中隔壁法(CRD 法)施工步序　　　　　表 5-6

施工步序	示意图	说明
第 1 步	1	左上导坑开挖、初期支护、中隔墙临时支护、临时仰拱施工
第 2 步	1 / 2	左下导坑开挖、初期支护、中隔墙临时支护

续上表

施工步序	示 意 图	说 明
第3步		右上导坑开挖、初期支护、临时仰拱施工
第4步		右下导坑开挖、初期支护
第5、6、7步		仰拱及填充、拆除中隔壁、拱墙二次衬砌施工

3. 主要控制要点

交叉中隔壁法(CRD法)主要控制要点与中隔壁法(CD法)基本相同。

七、双侧壁导坑法

双侧壁导坑法也称眼镜工法,是将隧道断面分成左、右两侧导坑和中部三大部分,先左右侧,后中部交叉施工的开挖方法,左中右侧均可按台阶法开挖。适用于围岩较差、浅埋、大跨度、地下水发育的Ⅳ级、Ⅴ级围岩段。双侧壁导坑法开挖见图5-7。

图5-7 双侧壁导坑法开挖现场图

1. 工法特点

(1) 变大跨为小跨,安全性增加。

(2) 每个分块围岩封闭较快,沉降控制优于其他施工方法。

(3) 开挖断面分块多,对围岩的扰动次数增加。

(4) 各分部断面较小,不便于机械施工,工序多,进度较慢。

(5) 临时支撑的施作和拆除较困难、成本较高。

2. 施工步序

双侧壁导坑法施工步序见表5-7。

双侧壁导坑法施工步序　　　　　　　　　　表5-7

施工步序	示意图	说　明
第1步	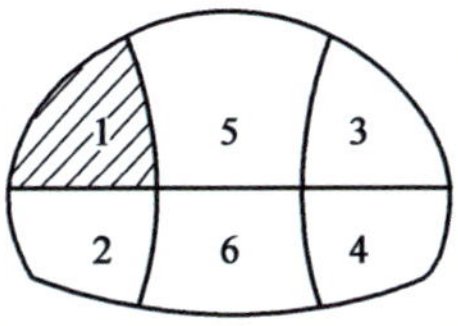 (图：1阴影)	左侧导坑上部开挖、初期支护及临时支护
第2步	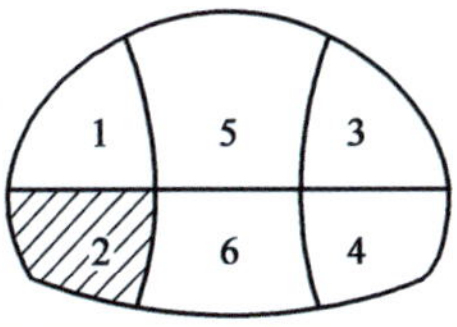 (图：2阴影)	左侧导坑下部开挖、初期支护及临时支护
第3步	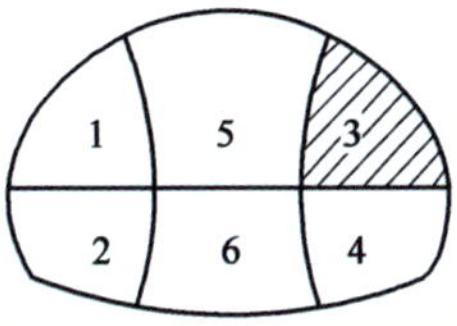 (图：3阴影)	右侧导坑上部开挖、初期支护及临时支护
第4步	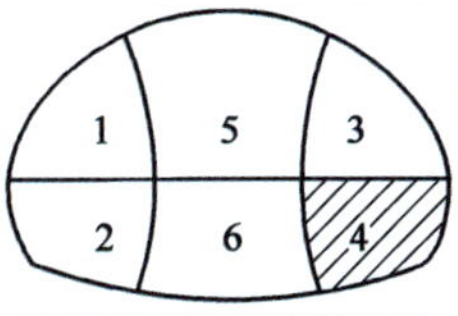 (图：4阴影)	右侧导坑下部开挖、初期支护及临时支护
第5步	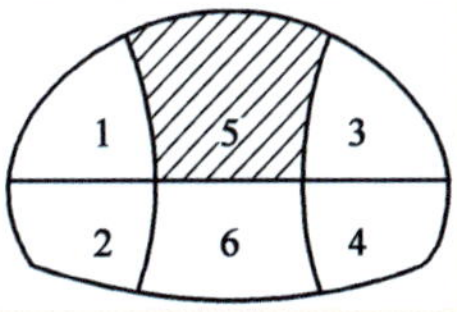 (图：5阴影)	中部上台阶开挖及初期支护

续上表

施工步序	示 意 图	说 明
第6步		中部下台阶开挖及初期支护
第7、8、9步		仰拱及填充、拆除临时支撑、拱墙二次衬砌施工

3. 主要控制要点

(1) 开挖应采用弱爆破或人工配合机械开挖。爆破时严格控制炮眼深度及装药量。

(2) 左右导坑施工时，前后拉开距离不宜小于15m；导坑与中间土体同时施工时，导坑应超前30～50m。

(3) 左右侧各工作面每循环进尺不宜超过1榀钢架间距。

(4) 初期支护及临时支护钢架拱脚必须落在牢固的基础上，及时施作锁脚锚杆(管)，防止拱部下沉变形。上下断面钢架连接应平顺，螺栓连接应牢固。

(5) 临时支撑须在初期支护施工完毕并在围岩与初期支护变形基本稳定后方可拆除。

八、中导洞法

先开挖隧道断面的一部分作为导洞，再利用导洞逐步扩大开挖至隧道整个断面的开挖方法。适用于联拱隧道及Ⅴ级以下围岩、断面较大的中短规模隧道。联拱隧道中导洞法开挖见图5-8。

图5-8 联拱隧道中导洞法开挖现场图

1. 工法特点
(1)能较好地控制沉降、变形。
(2)工序烦琐,施工技术要求高,进度较慢。
(3)辅助工作量大,成本较高。
(4)对于联拱隧道,中隔墙接缝不易处理,防水质量难以保证。
2. 施工步序
以双联拱隧道为例,中导洞法施工步序见表5-8。

双联拱隧道中导洞法施工步序　　　　　表5-8

施工步序	示意图	说　明
第1步		中导洞开挖及支护
第2步		施作中洞底板、隔墙及顶梁钢筋混凝土结
第3步		左侧洞上台阶开挖、初期支护、临时支护
第4步		右侧洞上台阶开挖、初期支护、临时支护
第5步		左侧洞下台阶开挖及初期支护

续上表

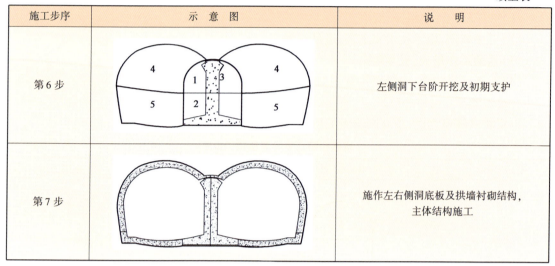

施工步序	示意图	说明
第6步		左侧洞下台阶开挖及初期支护
第7步		施作左右侧洞底板及拱墙衬砌结构，主体结构施工

3. 主要控制要点

（1）联拱隧道左右主洞开挖步距宜错开30m左右，在先行隧道初期支护位移基本稳定，并对先行洞中隔墙进行必要的水平支撑，抵消后行洞围岩对中隔墙产生的水平压力后，再进行后行隧道施工。

（2）联拱隧道后开挖的主洞在开挖靠近中隔墙部位围岩时，应采用弱爆破，减小对中隔墙的破坏。

（3）联拱隧道中隔墙顶部围岩应采用锚杆及注浆加固措施，给先施工的洞室提供支撑力，保持结构平衡。

（4）联拱隧道中隔墙施工缝必须凿毛处理，严格控制防水施工质量，预埋的连接筋应严格按规范要求焊接牢固。

第二节　施工工艺流程及要点

一、施工工艺流程

隧道钻爆法开挖工艺流程见图5-9。

二、主要技术控制要点

1. 钻爆设计

（1）隧道掘进施工前，应专门进行钻爆设计。钻爆设计应根据工程地质、地形环境、开挖断面、开挖方法、循环进尺、钻眼机具、爆破材料和出渣能力等因素综合考虑，并应根据实际爆破效果及围岩变化情况分析各相关影响因素，及时调整爆破设计参数，确保爆破效果符合规范要求。钻爆设计应包括炮眼布置、数量、深度和角度、装药量和装药结构、起爆方法、起爆顺序等内容。

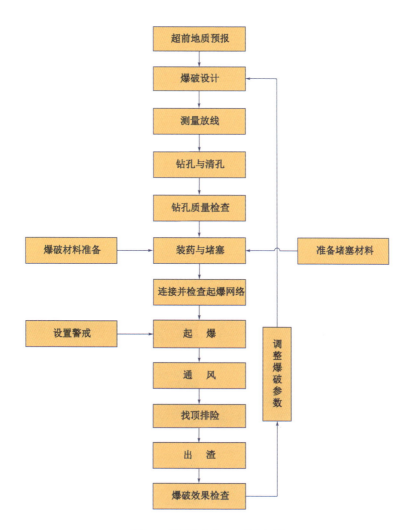

图 5-9 钻爆作业施工工艺流程图

(2) 石质隧道采用光面爆破技术，一般光面爆破效果应达到的技术指标见表 5-9。

光面爆破技术指标   表 5-9

序号	项　目	硬　岩	中 硬 岩	软　岩
1	平均线性超挖量(cm)	10	15	10
2	最大线性超挖量(cm)	20	20	15
3	两炮衔接台阶最大尺寸(cm)	10	10	10
4	残眼率(%)	≥80	≥65	>50
5	局部欠挖量(cm)	5	5	5
6	炮眼利用率(%)	90	90	90

(3)光面爆破参数应通过试验确定。当无试验条件时,可参照表5-10选用。

光 面 爆 破 参 数　　　　　　表5-10

岩石类别	周边眼间距 E(cm)	周边眼抵抗线 W(cm)	相对距离 E/W	装药集中度q (kg/m)
极硬岩	50~60	55~75	0.8~0.85	0.25~0.30
硬岩	40~50	50~60	0.8~0.85	0.15~0.25
软质岩	35~45	45~60	0.75~0.8	0.07~0.12

(4)对于小净距隧道、连拱隧道以及地表周围有建(构)筑物的浅埋隧道,在开挖过程中,应监测围岩爆破影响深度以及爆破震动对周围其他建(构)筑物的破坏程度,对周围其他建(构)筑物及新浇混凝土的震动速度应满足规范要求。

2. 测量放线

(1)钻眼前应定出开挖断面中线、水平线,并进行断面超欠挖检查。用红油漆准确绘出开挖断面轮廓线,并标出炮眼位置(误差不超过5cm),经检查符合设计要求后方可钻眼。开挖前测量放线见图5-10,炮眼标记见图5-11。

图5-10　测量放线

图5-11　炮眼标记

(2)开挖轮廓线应按设计要求预留变形量,并根据监控量测信息进行调整。

3. 钻眼

炮眼按其位置及作用可大致分为:掏槽眼、辅助眼及周边眼三类。炮眼的爆破先后顺序一般为先掏槽眼,再辅助眼,后周边眼。掏槽眼布置有多种形式,归纳起来可分为斜眼掏槽、直眼掏槽和混合掏槽。

(1)一般隧道开挖可采用多层作业台架配18~26台风动凿岩机钻孔;对于长大隧道宜采用性能先进的液压钻孔台车进行施工。风动凿岩机钻孔见图5-12,液压钻孔台车钻孔见图5-13。

(2)应按设计的炮孔位置、方向和深度进行钻孔。

(3)周边眼应沿隧道开挖轮廓线布置,保证开挖断面符合设计要求,硬岩开眼位置在开挖轮廓线上,软岩可向内偏5~10cm。

(4)周边眼应由有较丰富经验的老钻工司钻,由专人指挥,确保周边眼有准确的外插角,使两茬炮交界处台阶不大于15cm。

图 5-12　风动凿岩机钻孔

图 5-13　液压钻孔台车钻孔

（5）炮眼位置要事先捣平才许开钻，防止打滑或炮眼移位。开孔时如确实有困难，可以适当调整，调整范围不超过 5 倍的炮孔直径。

（6）禁止在残眼处、裂缝处钻孔。

4. 装药与堵塞

（1）装药前，应用高压风水将炮眼内泥浆、存水及石粉吹洗干净。

（2）装药时，严格按爆破设计要求进行装药。装药须分片分组，按炮眼设计图确定的装药量自上而下进行，雷管要"对号入座"，要定人、定位、定段别，不得乱装药。已装药的炮眼应及时堵塞密封。

（3）为保证光爆效果，周边眼应采用导爆索实现间隔装药，掏槽眼及掘进眼采用连续装药。

（4）为保证延时效果，非电毫秒雷管跳段使用。

（5）炮孔应采用机制炮泥堵塞，保证装药堵塞质量，宜配备专用炮泥机加工。每层 10cm 用炮棍压紧捣实。周边眼的堵塞长度不宜小于 400mm，其他眼填塞长度不小于 20cm。

（6）炮孔装药应由二人一组，一人操作，一人负责监督和记录。

炮孔装药见图 5-14。

图 5-14　炮孔装药现场图

5. 连接起爆网络

（1）网络连接应在全部炮孔装填完毕、无关人员全部撤离后实施。

(2)先将小范围非电毫秒雷脚线管采用支导爆管连接后,再联结各支导爆管形成一个主导爆管,通过导爆母线联结至起爆器。各种连接应牢固可靠。

(3)联网时孔与孔之间的导爆管、雷管脚线要保持一定的松紧度,防止拉脱或损坏导爆管造成拒爆。

起爆网络连接见图5-15。

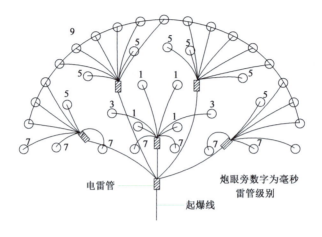

图5-15 起爆网络连接示意图

6. 起爆

起爆前应检查起爆网路是否完好,并进行安全行警戒,所有人员要撤离至不受有害气体、振动及飞石伤害的安全地点后,由爆破负责人下达命令后起爆。

7. 通风

(1)独头掘进200m以上,隧道施工必须实施管道通风,通风方式有送风式、排风式、混合式和巷道式通风。隧道通风见图5-16。

(2)爆破后通风时间不小于15min,且洞内空气质量经检测符合规范要求后,由原装药爆破员进入作业现场查看,检查有无瞎炮,有无残存的爆破器材及围岩稳定情况。发现险情要及时妥善处理。通风效果见图5-17。

图5-16 爆破后及时通风

图5-17 通风后效果图

8. 找顶排险

(1)出渣前应检查拱顶及两帮是否稳定,如有松动的石、土块,应进行找顶排险,清除松动土石,防止落石伤人,找顶时宜先机械后人工进行。机械找顶见图5-18,人工找顶见图5-19。

图5-18　机械找顶

图5-19　人工找顶

(2)找顶排险应按先两帮后拱顶顺序进行,顺着围岩节理和层理慢慢将松石清除,不得硬刨、猛击。

9. 出渣

(1)装运渣设备应选用在隧道断面内能发挥高效率的机具,装运能力应大于最大的开挖量,装渣能力应与出渣设备的运输能力相适应。

(2)运输方式根据隧道长度、机具设备和施工条件,选用有轨或无轨的运输方式。

隧道洞内出渣见图5-20。

图5-20　隧道出渣

第三节　主要安全风险分析

隧道洞身开挖是隧道施工中安全管控难度最大、风险最高的工序,其特有风险包括:

(1)隧道坍塌:因隧道地质原因(断层及其破碎带、地下水等)、施工方法选择不当、工序间距安排不合理(如初期支护没有及时跟进掌子面、二次衬砌没有及时浇筑)、喷锚支护不及时或喷射混凝土质量和厚度不符合要求、爆破作业不当、用药量过多等原因,使隧道围岩的整体强度降低,造成隧道坍塌事故。

(2)冒顶片帮:指隧道开挖、衬砌施作过程中因开挖或支护不当,顶部或侧壁大面积垮塌而造成的事故。

(3)突泥涌水:指隧道施工掌子面前方或者开挖轮廓四周的岩溶溶腔突然压溃临界面,造成水或泥突然涌出的地质灾害。

(4)岩爆:是一种岩体中聚积的弹性变形势能在一定条件下的突然猛烈释放,导致岩石爆裂并弹射出来的现象。

(5)火工品爆炸:指火工品在存放、运输、使用、退库过程中发生的爆炸事故。

(6)有毒有害气体中毒窒息:隧道开挖过程中因甲烷和瓦斯等气体涌出或聚集、爆炸产生的气体、设备排放的气体、隧道通风不良等原因造成施工人员接触有毒物质,呼吸有毒气体引起的人体急性中毒事故,或在隧道内因为氧气缺乏发生晕倒甚至死亡的事故。

此外隧道开挖还存在高处坠落、物体打击、触电、机械伤害、车辆伤害等其他类别风险。

第四节　主要安全控制要点

(1)隧道开挖前检查松动的岩石、裂块、支护变形或损坏情况,避免开挖过程中掉块伤人。

(2)开挖作业台架稳定牢固,人员上下梯步牢固安全,操作平台满铺固定脚手板,高处作业防坠设施设置齐全、安全可靠,配备足够的消防器材。

(3)人工开挖时设专人指挥,互相配合,保持必要的安全操作距离。

(4)隧道开挖作业台架上使用低于36V的安全电压。

(5)机械开挖应根据断面和作业环境选择机型、划定隧道开挖安全作业区域,并设置警示标志。

(6)凿岩台车就位后张开支腿,摆放平稳,禁止将台车停在软地基、隧道侧壁和顶部有落石或岩崩危险部位。

(7)风管、水管接头牢固,无漏风、漏水、松脱等情况。

(8)钻杆无不直、带伤以及孔眼堵塞现象。如有,应及时维修或更换。

(9)施工过程中注意观察围岩状况,发现险情应及时处理,必要时应撤出人员。

(10)吹洗炮眼内的泥浆石粉时,应站立在侧方,避免吹出的泥沙伤人。

(11)装药必须在开挖钻眼完成后才能进行,禁止边钻眼边装药,禁止在残眼中继续钻眼。

(12)爆破物品应由爆破员按一次需用量领取;爆破物品运输必须使用专用车辆,运输过程中雷管炸药分开存放,严禁混装;搬运爆破物品时要轻拿轻放。

(13)爆破物品运至施工现场后在划定区域内炸药与雷管分开堆放距离不小于30m,并设专人看护。

(14)爆破后剩余爆破物品及时退库,禁止私自销毁剩余爆破物品。

(15)爆破作业时人员听从指挥,撤离到安全距离以外,并设立警戒标志。隧道爆破警戒见图5-21。

图 5-21　爆破警戒现场图

（16）爆破作业起爆后，经过 15min 的通风排烟，并经过以下各项检查和妥善处理后，其他工作人员才准进入工作面：检查有无瞎炮及可疑现象；检查有无残余炸药或雷管；检查有无松动石块；检查支护有无损坏与变形。

（17）隧道施工时应在Ⅳ、Ⅴ、Ⅵ级围岩地段设置逃生管道，管道从衬砌工作面布置至距离开挖面 20m 以内的适当位置，管内预留工作绳、食品、药品等应急物资。逃生管道设置见图 5-22。

图 5-22　逃生管道设置现场图

（18）两座平行隧道开挖，同向开挖工作面前后距离不宜小于 2 倍洞径。

（19）隧道双向开挖面相距 15～30m 时，应改为单向开挖，预留贯通的安全距离，停挖端的作业人员和机具应撤离。

（20）在易发生岩爆的地段，采取隧道岩壁喷水或钻孔注水来促进围岩软化，布设预防岩爆锚杆，防止岩爆的发生。

（21）涌水段开挖宜采用超前钻孔探水查清含水层厚度、岩性、水量与水压，并制定方案进行处理。

（22）施工过程中要严格控制各作业面之间的安全步距，安全步距超标，禁止隧道开挖作业。

(23)隧道内禁止存放油料、油漆等易燃易爆物品,洞内备用橡胶风水管、应急木料等易燃材料应做好防护,隧道内禁止明火取暖。

(24)对隧道内进行通风、喷水降尘和降温,作业前进行有毒有害气体检测,空气质量符合要求后,方可进入工作面展开后续施工。

(25)照明灯光应保持亮度充足、均匀不闪烁,无照明盲区。

(26)进洞的工程机械带净化装置的柴油机动力,隧道内严禁使用汽油机械。

第六章 PART 6
装运渣作业

第一节　装运渣作业概述

装运渣作业是指在隧道作业面上采用挖、装、运等设备,将洞渣运至洞外弃土场的过程,其作业内容主要包含洞内装渣、运输及洞外卸渣。

第二节　装运渣作业方式简介

隧道装运渣主要作业方式有有轨装渣、有轨运输,无轨装渣、有轨运输,无轨装渣、无轨运输及皮带运输机运输四种方式。装运渣作业方式应根据隧道长度、开挖断面、开挖方法、设备配置、通风条件、辅助坑道等因素综合选用。

一、有轨装渣、有轨运输

有轨装渣、有轨运输是指在隧道内铺设轨道,采用有轨装渣设备装渣,由机车或提升设备牵引斗车或梭式矿车通过轨道将洞渣运至隧道外的方式。

有轨装渣、有轨运输主要优点为空气污染小,一次运渣量大,缺点为工作效率低,适用范围小,施工组织及日常维护难度大。主要适用于断面较小、长度较长的隧道。

有轨装渣、有轨运输常用的机械设备有轨式耙斗式装岩机、轨式挖掘机、斗车、电瓶车、梭式矿车、绞车等。

有轨装渣、有轨运输见图 6-1。

图 6-1　有轨装渣、有轨运输示意图

二、无轨装渣、有轨运输

无轨装渣、有轨运输是指在隧道内铺设轨道,采用装载机或挖掘机等设备装渣,由机车或提升设备牵引斗车或梭式矿车通过轨道将洞渣运至隧道外的方式。

无轨装渣、有轨运输主要优点为装渣速度较快,一次运渣量大,缺点为空气污染稍大,适用范围小,施工组织难度大。主要适用于中小断面、长度较长的隧道。

无轨装渣、有轨运输常用的机械设备有侧卸式装载机、挖掘机、斗车、电瓶车、梭式矿车、绞车等。

无轨装渣、有轨运输见图 6-2。

三、无轨装渣、无轨运输

无轨装渣、无轨运输是指在隧道内采用装载机或挖掘机等设备装渣,由自卸汽车将洞渣运至隧道外弃土场的方式。

无轨装渣、无轨运输主要优点为便于施工组织,装运渣效率高;缺点为空气污染大。主要适用于大断面及特大断面的各种长度隧道。

无轨装渣、无轨运输常用的机械设备有侧卸式装载机、挖掘机、自卸汽车等。

无轨装渣、无轨运输见图6-3。

图6-2　无轨装渣、有轨运输示意图

图6-3　无轨装渣、无轨运输示意图

四、皮带运输机运输

皮带运输机运输是指在隧道内安装皮带运输机,通过梭式矿车将洞渣运卸到皮带输送机上,再转运至皮带输送机后的自卸汽车内运至洞外弃土场的方式。

皮带运输机运输主要优点为空气污染小,可连续运输;缺点为设备多,安装工期长。适用于各类断面的中短隧道。

皮带运输机运输常用的机械设备有耙斗式装岩机、装载机、梭式矿车、皮带运输机等。

皮带机运输见图6-4。

图6-4　皮带机运输示意图

第三节　主要技术控制要点

公路隧道因开挖断面大,洞内路面纵坡较小,洞内交通便于组织,一般采用无轨装渣、无轨运输的作业方式。单个工作面装运渣常用的机械设备一般组合模式为:一台侧卸式装载机＋

一台挖掘机+4～5台自卸汽车。其主要技术控制要点如下。

1. 设备配置

(1)装运渣作业应选用设备性能好、生产效率高、环境污染小、安全风险低的设备。

(2)装运能力应大于最大的开挖量,装渣能力应与出渣设备的运输能力相适应。

2. 装渣作业

(1)装渣前应检查、观察开挖面围岩的稳定情况,发现有松动岩石或坍塌征兆,必须先处理后装渣。

(2)装渣机械不得碰撞初支、开挖面以及量测点等,以免造成拱架变形、初支混凝土破坏、开挖面掉块、滑塌以及量测数据失真。

(3)当一次开挖土石方数量较大时,可根据隧道断面大小适度增加装渣设备的数量,提高装渣效率。

(4)装渣不得超过运输车辆车厢边缘,装载平衡,应避免偏载、超载。隧道洞内装渣作业见图6-5。

3. 运输作业

(1)运输道路综合纵坡不应大于10%,车道必须硬化,并采取防滑措施。

(2)单车道运输时,应每隔一定距离设置一处会车道,其长度应满足安全行车要求;设置平坡段和防撞安全岛,平坡段长度不小于30m,安全岛外侧应设砂袋或废旧轮胎防撞墙。

(3)运输道路单车道净宽不得小于车宽加2m,并应隔适当距离设置错车道;双车道净宽不得小于2倍车宽加2.5m;会车视距宜大于40m。

(4)在仰拱栈桥和作业台架下方行车速度不应大于5km/h,其他施工地段和错车时不应大于15km/h,成洞段不宜大于20km/h。

洞内出渣运输见图6-6示意。

图6-5 洞内装载机装渣作业

图6-6 洞内自卸汽车运输作业

4. 卸渣作业

(1)卸渣前弃渣场应砌筑挡渣墙并完善排水设施。弃渣挡墙泄水孔背后应设置反滤层。

(2)弃渣应自下而上,分层分级堆置,不得堵塞河道、沟谷,避免影响下游安全。

(3)卸渣平台应平整坚实,避免陷车。

(4)弃渣过程中每层弃渣顶面应设置排水坡度,避免积水及地表水下渗。

(5)弃渣完毕后,弃渣场顶面应碾压密实,及时施工顶部排水沟,对渣土表面进行复耕或复绿。

第四节　主要安全风险分析

隧道装运渣作业过程中主要存在的安全风险有隧道坍塌、机械伤害、车辆伤害、物体打击、职业病危害、滑坡及泥石流等安全风险。

(1)隧道坍塌:隧道开挖后初支不及时,围岩失稳造成坍塌。
(2)机械伤害:违规操作装运渣作业机械设备造成的机械伤害。
(3)车辆伤害:运输车辆速度过快,洞内视线不良,作业人员避让不及时,车辆通过仰拱栈桥时侧翻,弃渣场车辆倾覆造成的车辆伤害。
(4)物体打击:隧道开挖后找顶不彻底、装渣高度过高、渣场有人拾荒等造成的物体打击。
(5)职业病危害:隧道通风不良,粉尘及有害气体含量超标导致职业病危害。
(6)滑坡及泥石流:由于挡护及排水措施不到位、弃渣不规范、超容量弃渣造成的滑坡、垮塌或泥石流事故。

第五节　主要安全控制要点

(1)隧道装运渣作业涉及的工种有电工、电焊工、隧道工、机修钳工、汽车司机、装载司机、挖掘司机、设备操作司机等,其中电工、电焊工等特种作业人员应持证上岗。
(2)机械操作人员必须持证上岗,严格执行安全操作规程,严禁违章操作。
(3)出渣运输车辆宜选用带净化装置的柴油机动力,汽油动力机械不宜进洞。
(4)出渣前应对车辆的制动器、喇叭、灯光、连接装置等进行安全检查,确认完好后方可行车。
(5)出渣运输车辆(图6-7)必须性能完好,严禁人料混装,不得超载、超速、超宽、超高运输。

图6-7　装运渣车辆

(6)爆破后应及时进行通风、洒水降尘、找顶、初喷混凝土等工作,确认工作面安全后方可进行装渣作业。

(7)装渣作业面应保证足够的照明,均匀不闪烁。

图6-8 装渣作业专人指挥

(8)装渣前应检查开挖面围岩的稳定情况,发现有松动岩石或坍塌征兆,必须先处理,后装渣。

(9)装渣作业应划定作业区域,严禁非作业人员进入。

(10)装渣、卸渣、车辆洞内调头及倒车必须专人指挥(图6-8)。

(11)装渣时机械回转半径范围内不得站人或有人通过,不得损坏已有的支护及设施。

(12)装渣时发现渣堆中残留的炸药、雷管,应立即报告,按规定进行处理。

(13)车辆行驶中应随时观察周围作业人员及洞内设备、设施等情况,必要时减速或停车让行。

(14)车辆接近或通过洞口、台架、施工作业地段以及前方有障碍物时,必须减速瞭望并鸣笛示警。

(15)自卸汽车卸渣时应停稳制动,不得边卸渣边行驶,卸渣后应及时将车厢复位,严禁举升车厢行驶。

(16)在弃渣过程中,应对弃渣场渣体的稳定性进行观察和监测,雨季应加大监测频率,发现问题及时上报处理。

(17)进出隧道人员必须走人行道,不得与机械抢道,严禁扒车。

(18)运输道路的平整度、坡度、宽度、转弯半径等应满足出渣车辆运行要求,按规定设置错车道及行人安全通道,做好排水及维护工作。

(19)在洞口、平交道口、狭窄的施工场地,必须设置明显的警示标志,必要时应设专人指挥交通。

(20)油料应集中存放并配置足够的消防器材,设专人管理,由专用车辆统一配送,加油过程中机械设备应处于熄火状态。

第七章 PART 7
初期支护

隧道施工安全技术

第一节　初期支护概述

初期支护是指隧道开挖后用于控制围岩变形及防止坍塌所及时施作的支护，是与周边围岩共同承受荷载的结构层。

初期支护一般有喷射混凝土、喷射混凝土加锚杆、喷射混凝土锚杆与钢架联合支护等形式，初期支护包含临时支撑。

第二节　施工工艺流程及主要技术要点

一、初期支护总体施工工艺流程及要点

1. 施工工艺流程

初期支护总体施工工艺流程见图7-1。

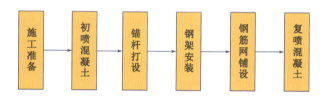

图7-1　初期支护施工工艺流程图

2. 主要技术控制要点

（1）初期支护应开挖后及时进行，紧跟掌子面。Ⅳ～Ⅵ级围岩初期支护必须保证尽早封闭成环，确保围岩稳定及施工安全。

（2）软弱围岩地段施工必须坚持"先支护（强支护）、后开挖（短进尺、弱爆破）、快封闭、勤量测"的施工原则。

（3）隧道支护宜根据现场监控量测结果，分析施工中的各种信息，及时调整支护措施和支护参数。

（4）施工中应做好地质描述、超前地质预报，根据围岩条件的变化，因地制宜，提前采取相应措施，做到安全可靠、经济合理。

二、中空注浆锚杆施工工艺流程及要点

1. 施工工艺流程

中空注浆锚杆施工工艺流程见图7-2。

2. 主要技术控制要点

（1）测量放线：开挖断面检查合格后，应按设计要求及地层情况在岩面上画出本循环锚杆孔位，做好标记。

（2）钻孔：钻孔可采用专用锚杆钻机或利用多功能台架人工手持风钻成孔，钻孔方向应尽

可能垂直初喷混凝土表面。钻孔技术要求：开口偏差小于5cm；方向偏差小于2%；锚杆孔径应大于设计的锚杆直径15mm；孔深比锚杆插入部分长5cm。锚杆杆体应除锈、除油。锚杆钻孔见图7-3。

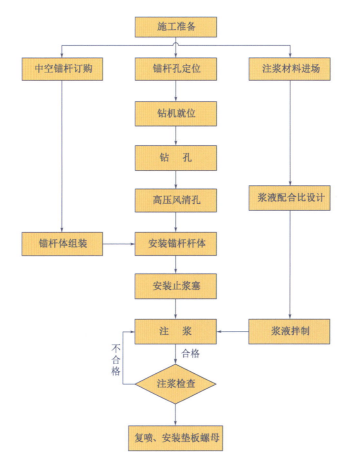

图7-2　中空注浆锚杆施工工艺流程图

图7-3　锚杆现场钻孔示意图

(3)杆体插入:孔位经检查验收合格后,将锚杆慢慢顶入距孔底 3~5cm 处。杆体插入后,及时将孔口用水泥砂浆或其他堵塞物堵塞严密,并设置排气孔。安装垫板及螺母固定杆体,垫板设置应确保与锚杆轴线垂直,且与喷射混凝土层紧密接触。

(4)锚杆注浆:注浆材料按设计要求(一般采用水泥砂浆),注浆压力应保持在 0.3MPa 左右,使浆液慢慢注入,当达到设计注浆压力且止浆塞周围或孔口周围有浆液流出时,停止注浆,迅速连接下一根锚杆进行注浆。拱部锚杆注浆可采用排气管进浆、杆体排气的方式,以保证锚杆孔注浆饱满。注浆后不得敲击锚杆,其端部 3d 内不得悬挂重物。

中空注浆锚杆杆体及施工后的成品见图 7-4。

图 7-4　中空注浆锚杆杆体及施工后的成品示意图

三、普通砂浆锚杆施工工艺流程及技术要点

1. 施工工艺流程

普通砂浆施工工艺流程见图 7-5。

2. 主要技术控制要点

(1)测量放线、钻孔:技术控制要点与中空注浆锚杆基本相同。

(2)注浆:砂浆锚杆施工顺序一般为先注浆后插入杆体。注浆前,应用高压风冲洗,检查排气管必须畅通,防止注浆空洞,确保密实。注浆时,注浆管插入孔底,随注浆体的注入匀速拔出,直到排气管不排气或溢出稀浆时停止。砂浆应随拌随用,一次拌和的砂浆应在初凝前用完,已初凝的砂浆不得使用。

(3)插入杆体:注浆完毕后将锚杆缓慢送入钻孔中至设计位置,待砂浆达到强度后安装垫板拧紧螺帽,垫板设置应确保与锚杆轴线垂直,且与喷射混凝土层紧密接触。锚杆安装完毕后,不得敲击锚杆,其端部 3d 内不得悬挂重物。

普通砂浆锚杆杆体见图 7-6。

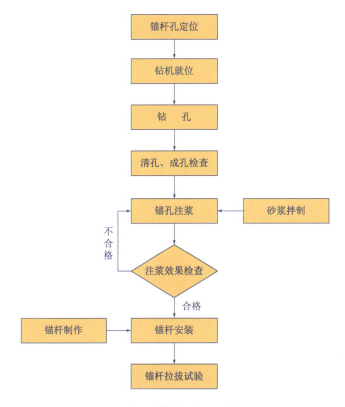

图 7-5 普通砂浆锚杆施工工艺流程图

图 7-6 普通砂浆锚杆杆体示意图

四、药卷锚杆施工工艺流程及要点

1. 施工工艺流程

药卷锚杆施工工艺流程见图 7-7。

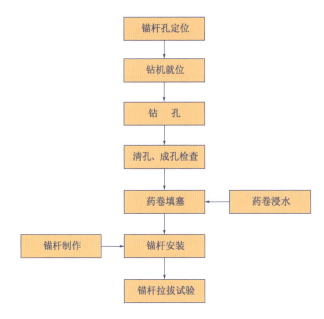

图 7-7　药卷砂浆锚杆施工工艺流程图

2. 主要技术控制要点

（1）应对药包做泡水检验，药包包装纸应采用易碎纸。

（2）药包不应有受潮结块现象，药包宜在清水中浸泡，随用随泡。

（3）锚杆插到设计深度时，孔口应有砂浆流出，无流出时应补灌砂浆。

（4）其他技术控制要点与普通砂浆锚杆基本相同。

药卷锚杆施工见图 7-8。

图 7-8　药卷锚杆施工示意图

五、钢架安装工艺流程及要点

1. 施工工艺流程

钢架安装施工工艺流程见图 7-9。

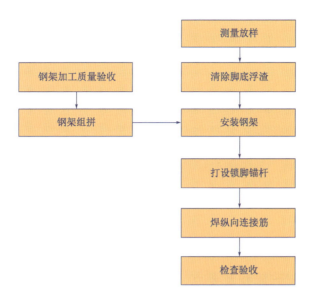

图 7-9 钢架安装工艺流程图

2. 主要技术控制要点

（1）钢架加工

①钢架宜在加工厂集中生产，分节段制作，每节段长度应根据设计尺寸及开挖方法确定，每片节段应编号，注明安装位置。型钢钢架宜采用冷弯法制作成型。

②不同规格的首榀钢架加工完成后，应放在平地上试拼，周边拼装允许偏差为±30mm，平面翘曲应小于20mm。当各部尺寸满足设计要求时，方可批量生产。

③拱架接头钢板厚度及螺栓规格必须符合设计要求；连接钢板平面应与钢架轴线垂直，螺栓孔必须采用机械钻孔，孔口应采用砂轮机清除毛刺和钢渣，严禁采用气割冲孔。

（2）钢架安装

①钢架安装前应检查开挖断面轮廓、中线及高程。

②钢架在初喷混凝土后安装，应尽可能与围岩或初喷面密贴，有间隙时应采用混凝土垫块楔紧，严禁采用片石回填。

③应确保两侧拱脚必须放在牢固的基础上。安装前应将底脚处的虚渣及其他杂物彻底清除干净；脚底超挖、拱脚标高不足时，应用喷射混凝土填充；当拱脚处围岩承载力不够时，应加设钢垫板、垫梁或浇筑强度不低于C20的混凝土。

④钢架应分节段安装，节段与节段之间应按设计要求连接。钢架立起后，根据中线、水平将其校正到正确位置进行固定，打设锁脚锚杆与之焊接牢固，并用纵向连接筋将其与相邻钢架连接牢靠。

⑤钢架应经常检查，如发现破裂、倾斜、弯扭、变形以及接头松脱填塞漏空等异状，必须立即加固。

⑥钢架的抽换、拆除，应本着"先顶后拆"的原则进行，防止围岩松动坍塌。

钢架安装见图7-10及图7-11。

图 7-10　钢架现场安装示意图

图 7-11　拱脚落底牢固

六、钢筋网铺设工艺流程及要点

1. 施工工艺流程

钢筋网铺设工艺流程见图 7-12。

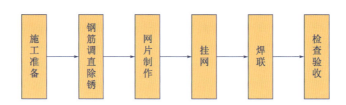

图 7-12　钢筋网铺设工艺流程图

图 7-13　钢筋网片现场铺设

2. 主要技术控制要点

（1）钢筋网材料应满足设计要求，钢筋网钢筋在使用前应调直、清除锈蚀和油渍。

（2）应在初喷一层混凝土后再进行钢筋网的铺设。钢筋网宜随受喷面起伏铺设，并在锚杆安设后进行，与受喷面间隙宜控制在 20～30mm。

（3）钢筋网应与锚杆或其他固定装置连接牢固，在喷射混凝土时不得晃动。

（4）钢筋搭接长度不得小于 35 倍钢筋直径，并不得小于一个网格长边尺寸。

钢筋网铺设见图 7-13。

七、喷射混凝土施工工艺流程及要点

1. 施工工艺流程

喷射混凝土施工工艺流程见图7-14。

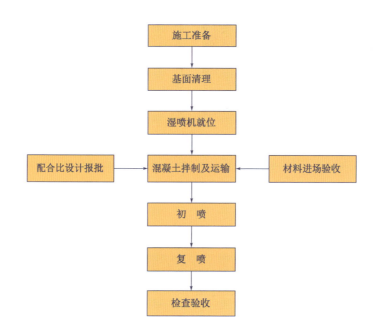

图7-14 喷射混凝土施工工艺流程图

2. 主要技术控制要点

(1) 喷射混凝土应采用湿喷工艺进行施工,湿喷混凝土的坍落度宜控制在80~120mm。

(2) 隧道开挖后,应立即对岩面初喷混凝土,初喷厚度宜为3~5cm,以防岩体发生松弛。喷射前应处理危石,检查开挖断面净空尺寸,设置控制喷混凝土厚度的标志。

(3) 当受喷面有涌水、淋水、集中出水点时,先进行引排水处理。当局部出水量较大时,可采用埋管、凿槽、树枝状排水盲沟等措施,将水引导疏出后再喷射混凝土。

(4) 喷射作业应分段分片依次进行,自下而上,先墙后拱、螺旋移动喷射,喷嘴与岩面保持垂直,距受喷面0.6~1.2m为宜;喷射料束与受喷面垂线成5~15°夹角时最佳;喷射时,应使喷射料束螺旋形运动;喷射机工作压力应控制在0.1~0.15MPa。

(5) 钢架部位喷射作业,应先喷满钢架与岩面的空隙;喷射混凝土应由两侧拱脚向上对称喷射,并将钢架覆盖、保证将其背面喷射填满,粘结良好。

(6) 混凝土应随拌随喷,喷射混凝土回弹物不得重新作为喷射混凝土材料。分层喷射时,应在前一层混凝土终凝后进行,如终凝1h后再喷射,应清洗喷层表面。

(7) 喷射作业完成2小时后应及时进行喷水养护,养护时间不少于7d。

喷射混凝土现场施工及成品见图7-15及图7-16。

图7-15　喷射混凝土现场喷射

图7-16　隧道初支表面平整密实

第三节　主要安全风险分析

初期支护作为永久承载结构的一部分,是隧道开挖的紧后工序,其主要安全风险包括以下几种。

(1)隧道坍塌:隧道初期支护不及时或支护不当造成隧道坍塌事故。

(2)冒顶片帮:由于初支拱脚不坚实、连接不牢固、锁脚锚杆与钢架未有效连接等造成的隧道侧壁坍塌事故。

(3)职业病危害:隧道喷射混凝土粉尘较大,影响作业人员健康,易得矽肺病。

此外初期支护还存在物体打击、高处坠落、触电、机械伤害、车辆伤害风险。

第四节　主要安全控制要点

(1)隧道初期支护作业涉及的工种有电工、电焊工、测量工、管道工、设备操作司机等,其中电工、电焊工等特种作业人员必须持证上岗。

(2)所有人员必须正确佩戴安全防护用品,喷射混凝土作业人员必须佩带密闭式防尘口罩、护目镜和安全帽。

(3)隧道支护必须按初喷→架设钢架(钢筋网)、锚杆→复喷的程序施工。在爆破、找顶后,应立即初喷混凝土封闭围岩。

(4)围岩自稳程度差的地段应按设计要求先进行超前支护、预加固处理。

(5)当地质条件与设计不符时应及时申请设计变更,调整支护参数。

(6)作业前应清除工作面松动的岩石,确认作业区无塌方、落石等危险源存在,施工机具应布置于安全地带。

(7)应随时观察支护各部位,支护变形或损坏时,作业人员及时撤离现场。

(8)作业台架及人员上下梯步应牢固稳定,临边设置安全护栏,操作平台用阻燃材料满铺固定,配备消防器材。

(9)高压风水管、喷浆机输料管等接头应连接牢固,无漏风、漏水、松脱等情况。

(10)喷射混凝土混合料应随拌随喷,回弹料不得重新用作喷射混凝土材料。

(11)喷射机应先给风、再开机、后送料。结束时待料喷完,先停机、后关风。工作中应经常检查输料管、出料弯管有无磨薄击穿及连接不牢的现象,发现问题应及时处理。

(12)喷射混凝土作业中如发生输料管路堵塞或爆裂,必须依次停止投料、送水和供风。当喷嘴不出料时,检查输料管是否堵塞,但一定要避开有人的地方,防止高压水、高压风及其他喷射物突然喷出伤人。

(13)作业时应避免直接与速凝剂和碱性液体接触,不慎接触后应立即用清水冲洗干净。

(14)非作业人员不得进入喷射混凝土作业区,喷嘴前禁止站人,喷射作业完成后,应及时清洗机具。

(15)钢架提升设备应有足够能力,架设钢架时应采取防护措施,不得利用装载机作为钢架安装作业平台。

(16)钢架安装过程中必须设专人指挥,作业人员密切配合。

(17)隧道内转运钢架应装载牢固,固定可靠,防止发生碰撞和掉落。

(18)钢架底脚应落在坚实的基础上,严禁悬空或置于虚渣上,不得有积水浸泡。

(19)钢架节段及钢架之间应及时连接牢固,防止倾倒。

(20)钢架背后的空隙必须用喷射混凝土充填密实,严禁背后填充片石等其他材料。

(21)钢架安装完成后应及时施做锁脚锚杆(管),并与之连接牢固。锁脚锚杆数量、长度、角度应符合设计要求。

(22)采用分部法开挖的隧道,下部开挖后,钢架应及时接长、落底,钢架底脚不得左右两侧同时开挖接长。

(23)已安装的钢架发生扭曲变形时,应及时逐榀更换,不得同时更换相邻的钢架。换拱时应及时整体封闭成环,保证变形段整体稳定。对变形体段初期支护进行全断面径向注浆固结处理,预防替换拱架施工造成二次扰动变形加大,导致坍塌事故发生。

(24)临时钢架支护应在隧道钢架支撑封闭成环并满足设计要求后拆除。

(25)锚杆钻孔时应保持钻机支撑安放稳定牢靠,除钻机操作人员外还应安排至少一人协助作业。

(26)锚杆的设置应沿隧道轮廓法线方向,倾斜岩层应与岩面或围岩主要节理面垂直。锚杆施工时应根据锚杆设置及围岩实际情况及时调整锚孔角度,采用合适的钻杆和钻进方法。

(27)在围岩破碎、自稳时间短、地应力较大地段,应采用早强砂浆锚杆或早强中空注浆锚杆,亦可采取增加锚杆数量、选用高强锚杆、加大锚杆长度和直径、加大钻孔直径、提高黏结材料的黏结性能等措施。

(28)锚杆安设后不得随意敲击,其端部在锚固材料终凝前不得悬挂重物。

(29)锚杆、钢筋网、钢架等材料的类型、规格、技术性能应满足设计要求。使用前应除锈、清除油污。

(30)锁脚锚杆数量、长度、角度应符合设计要求,并与钢架焊接牢固。

第八章 PART 8
仰拱施工

仰拱是指在隧道底部用钢筋混凝土等材料修建的反向拱形结构，与二次衬砌构成隧道整体，其作用是改善隧道上部支护结构受力条件，增加结构稳定性。

仰拱一般在隧道Ⅳ级及以上围岩段设置，仰拱结构一般包含初期支护层、二次衬砌层和填充层。

第一节 施工工艺流程及要点

一、施工工艺流程

仰拱施工主要工艺流程见图 8-1。

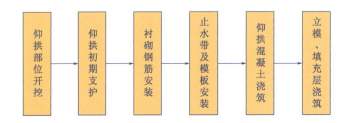

图 8-1 仰拱施工工艺流程图

二、主要技术控制要点

1. 一般控制要点

（1）仰拱应及时安排施工，及时与拱墙封闭成环，改善围岩受力状况、控制围岩变形。

（2）仰拱宜超前 2~3 倍二次衬砌循环作业长度，长大隧道宜采用自行式液压仰拱栈桥施工。

（3）仰拱离掌子面的距离应符合规范要求，Ⅲ级围岩不得超过 90m，Ⅳ级围岩不得超过 50m，Ⅴ级及以上围岩不得超过 40m。

图 8-2 仰拱开挖现场图

2. 仰拱开挖

（1）土质仰拱应采用人工配合机械开挖，石质仰拱应采用松动爆破开挖，一次开挖长度不得大于 3m。

（2）开挖后必须将隧底的虚碴、淤泥、积水及杂物清除干净，积水或股状渗水应进行引排。软弱隧底宜用高压风配合人工清理干净。

仰拱开挖见图 8-2。

3. 仰拱初支

（1）仰拱开挖完成、基底清理干净后，应初喷 3~5cm 厚的混凝土封闭岩面,立即进行初期支护施工。

(2)仰拱钢架安装时,应与边墙钢架拱脚采用螺栓连接牢固,闭合成环,钢架之间用纵向连接筋连接。

(3)钢架、钢筋网等安装后进行复喷混凝土,分层喷射至设计厚度。喷射作业应自下而上、分段分片对称进行,螺旋移动喷射,喷嘴与岩面保持垂直,距受喷面 0.6~1.2m 为宜,喷射风压控制在 0.15~0.2MPa 为宜。混凝土喷射完成后应及时养护。

(4)当仰拱底无初期支护层时,宜先施作混凝土垫层,以利于进行仰拱钢筋安装、立模等作业。

仰拱初支施工见图 8-3。

4. 衬砌钢筋安装

(1)仰拱钢筋的制作及安装应符合设计及规范要求,应提前在加工厂加工预弯,弯曲弧

图 8-3 仰拱初支施工现场图

度应与隧道断面设计的弧度相符,运至现场安装固定,设置定位筋及垫块控制保护层厚度。

(2)仰拱两侧二衬边墙部位的预埋钢筋伸出长度应满足和二衬环向钢筋焊连要求,且将接头错开,使同一截面的钢筋接头数不大于 50%。

(3)仰拱二衬钢筋的安装必须保证双层钢筋的层距和每层钢筋的间距符合要求,宜采用定位卡具进行控制。

(4)衬砌钢筋主筋连接宜以采用机械连接为主。

仰拱衬砌钢筋安装见图 8-4。

5. 止水带及模板安装

(1)仰拱纵向中埋式止水带安装宜采用夹具定位,环向中埋式止水带安装宜采用端头模板上下两部分进行固定,背贴式止水带安装应与仰拱初支表面密贴,仰拱端头施工缝止水带应与边

图 8-4 仰拱衬砌钢筋安装现场图

墙止水带搭接,沉降缝的止水带应与拱部搭接成环。

(2)止水带埋设位置应准确,其中间空心圆环应与变形缝或施工缝重合。确保线形顺直,无损坏、不扭结,外露居中。

(3)橡胶止水带连接应采用热硫化焊接工艺,止水带粘接前应做好接头表面的清刷与打毛,接头处选在衬砌结构应力较小的部位,搭接长度不得小于 10cm。钢边止水带除热硫化焊接外,上下两侧钢边搭接处应采用铆钉铆固,每处搭接铆钉不少于 4 颗。

(4)浇筑振捣靠近止水带附近的混凝土时,不得破坏止水带,同时还应充分振捣,混凝土应与止水带紧密结合。

(5)仰拱端头及顶部面板宜采用弧形钢模板,模板表面必须涂刷脱模剂,顶部面板预留作业窗口,梅花形错开布置。

止水带安装见图8-5及图8-6。

图8-5 纵向中埋式止水带安装现场图

图8-6 环向中埋式止水带安装现场图

6. 混凝土施工

(1)仰拱混凝土应在仰拱初期支护变形稳定后方可施工。

(2)仰拱混凝土宜整幅浇筑,一次成型;每循环浇筑的长度宜与拱墙衬砌浇筑长度相匹配。长大隧道仰拱宜采用带弧形模板的自行式仰拱台车整体浇筑。

(3)仰拱与边墙的纵向施工缝宜留置侧沟底以上,电缆槽沟底以下。

(4)混凝土浇筑应由仰拱中心向两侧对称分层进行,逐窗入模,采用插入式振捣器捣固密实。

(5)仰拱超挖应采用与衬砌相同强度等级的混凝土进行浇筑;不得用洞渣随意回填。

仰拱混凝土浇筑见图8-7。

7. 填充混凝土施工

(1)填充混凝土应在仰拱混凝土终凝后浇筑,并宜分层连续浇筑到填充层顶面,分层厚度不宜大于30cm,并捣固密实。

(2)仰拱填充采用片石混凝土时,片石应距模板50mm以上,片石间距应大于粗集料的最大粒径,并应分层投放,捣固密实。

(3)填充层混凝土完成后应及时养护,在混凝土强度达到5MPa后方可允许行人通行,达到设计强度后允许车辆通行。

仰拱填充层施工见图8-8。

第八章 / 仰 拱 施 工

图8-7 仰拱混凝土浇筑现场图

图8-8 仰拱填充混凝土

第二节 主要安全风险分析

仰拱施工过程中主要存在的一般安全风险有物体打击、机械伤害、车辆伤害、高处坠落、触电、火工品爆炸等安全风险,另外还存在隧道坍塌、车辆侧翻、落渣伤人等特有的安全风险。

(1)隧道坍塌:仰拱一次开挖过长,支护不及时,边墙初支拱架悬空过多,造成拱墙初支结构失稳破坏,导致隧道坍塌。

(2)车辆侧翻:因栈桥放置不平稳或车辆行驶不当,导致侧翻造成伤害。

(3)落渣伤人:因运渣车辆装渣过满或行驶不平稳等导致落渣伤人。

第三节 主要安全控制要点

(1)仰拱施工涉及的工种有电工、电焊工、钢筋工、隧道工、混凝土工、木工、测量工、爆破作业人员、设备操作司机等,其中电工、电焊工、爆破作业人员等特殊工种及挖装运设备操作人员应持证上岗。

(2)仰拱开挖应控制一次开挖长度,开挖后应立即施作初期支护,封闭成环。

(3)仰拱底板欠挖硬岩应采用人工钻眼松动、弱爆破方式开挖。

(4)仰拱施工时及时抽排底板积水,严禁长时间浸泡。

(5)施工过程中应设专人观察拱墙初期支护稳定情况,发现险情及时处理。

(6)仰拱移动栈桥(图8-9)的强度、刚度和稳定性要满足承载要求,桥面设防滑措施,两侧应设防护栏杆及挡脚板。栈桥端头的地基要平整坚实且搭设长度不短于1.5m。

(7)仰拱移动栈桥两侧应设置限速警示标志,车速不得超过5km/h,在栈桥上启动与制动应平缓操作。

(8)仰拱施工栈桥的移动,应有专人指挥,慢速移位,工作区严禁非作业人员和车辆通行、停留;非作业人员、设备、材料、工器具等应撤离到安全地点。

图 8-9　仰拱移动栈桥现场图

(9)仰拱作业面两端应设置安全防护及警示标志,防止人员和车辆不慎落入仰拱基坑内造成伤害。

(10)仰拱施工禁止上下重叠作业,车辆通过栈桥时下方作业人员应及时避让。

(11)仰拱应分段一次整体浇筑,并根据围岩情况严格限制一次施工长度。

(12)混凝土罐车由专人指挥停放在安全区域,并设置阻车装置,防止溜车。

(13)仰拱应及早施工,保证隧道拱、墙、仰拱衬砌能形成闭合整体。

(14)仰拱施工时应加强隧道拱顶下沉及水平收敛等项目的监控量测,发现异常应暂停施工(拱顶下沉、水平收敛速率达 5mm/d 或位移累计达 100mm 时),并及时分析原因,采取处理措施。

(15)仰拱施工作业应保证足够的照明,均匀不闪烁。

(16)仰拱施工的爆破物品应严格按照规定发放、领取、使用,爆破作业时应设置警戒区域,人员听从指挥,撤离到安全距离以外。

(17)严格控制仰拱与掌子面之间的安全步距,超标时暂停掌子面开挖,加快仰拱施工。

第九章 PART 9
二次衬砌施工

二次衬砌指在隧道初期支护内侧施作的模筑混凝土衬砌，与初期支护共同组成复合式衬砌。具有加固支护、应力储备、保持净空、耐火防水、美化外观等功能。

第一节　施工工艺流程及主要技术控制要点

1. 施工工艺流程

二次衬砌施工工艺流程见图9-1。

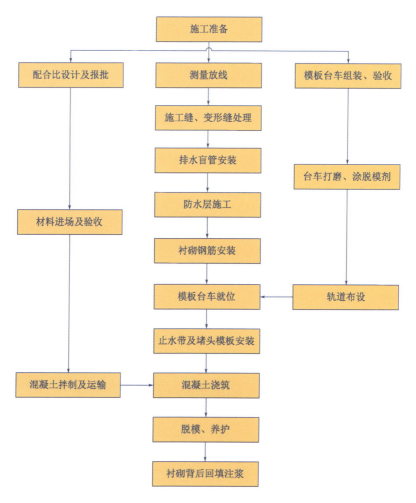

图9-1　二次衬砌施工工艺流程图

2. 主要技术控制要点

1) 一般控制要点

二次衬砌应在围岩与初期支护变形基本稳定后施作，拱墙衬砌施工应在围岩稳定后进行，围岩稳定应符合下列规定：

(1) 隧道周边变形速率明显下降并趋于缓和。

(2) 水平收敛(拱脚附近7d平均值)小于0.2mm/d、拱部下沉速度小于0.15mm/d。

(3)施作拱墙前的累计位移值已达极限相对位移值的80%以上。

地质特殊地段应提前施作衬砌,特殊地段包括如下情况:

(1)在高地应力软弱围岩、膨胀岩等可能产生大变形,且变形长期不能趋于稳定的不良地质隧道,拱墙可提前施作,衬砌结构应有足够的强度和刚度。

(2)在隧道洞口段、浅埋段、围岩松散破碎段,拱墙应按设计加强衬砌结构。

(3)在隧道洞口段、浅埋段、围岩松散破碎段,应尽早施作拱墙。

二次衬砌应采用衬砌模板台车一次性整体施工,一次施工长度宜控制在 6~12m。

2)施工准备

施工前应进行模板台车验收、混凝土配合比设计、材料检验、断面检测及初期支护基面处理等准备工作。

3)测量放线

施工前应检查隧道中线和净空尺寸,确保拱墙衬砌厚度及净空尺寸符合设计要求,欠挖部位必须进行处理。

4)施工缝、变形缝处理

(1)拱墙衬砌施工缝和仰拱施工缝应位于同一里程。

(2)混凝土浇筑前应对施工缝凿毛并清理干净,人工凿毛时,混凝土强度不低于2.5MPa;机械凿毛时,混凝土强度不低于10MPa。凿毛须严格控制范围,距离结构轮廓线 3~5cm 范围严禁凿毛,避免导致缺角、毛边,影响外观质量。变形缝防水材料应嵌缝密实。施工缝凿毛处理见图9-2。

5)排水盲管施工

(1)隧道排水盲管系统由环向排水盲管、纵向排水盲管、横向排水盲管等组成,排水管路采用变径三通方式连接形成完整的排水系统。

(2)排水管应紧贴支护表面固定牢固,布置应圆顺,不得起伏不平。接头连接牢固、通畅,并用土工布包裹;安装坡度、高程符合设计要求,确保排水通畅。

(3)环向排水盲管固定间距应符合设计要求,在地下水较大的地段应适当加密。排水盲管安装见图9-3。

图9-2 施工缝凿毛

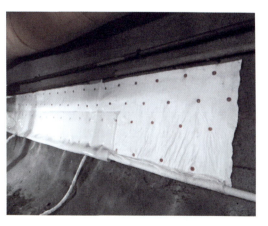

图9-3 排水管盲安装现场图

6)防水层施工

防水层是指设置在初期支护与二次衬砌之间的由土工布和防水卷材组成、防止渗漏水的隔离层结构。

(1)防水板施工前应对初期支护的基面进行检查,割除外露锚杆头并清理表面杂物和松散颗粒,凿平尖锐棱角,隧道断面变化处或转弯处的阴角应用砂浆抹成半径不小于50mm的圆弧,保证基面平整。

(2)防水层铺设应采用无钉铺设工艺,先将土工布铺设在初支基面上,采用热塑垫圈+射钉固定;再铺设防水板,与热塑垫圈焊接牢固;固定点采用梅花形布设,宜采用激光投影仪对热熔垫圈进行定位。

(3)防水板环向铺设应先拱后墙,下部防水板应压住上部防水板,纵向铺设下游防水板压住上游防水板,铺设应松紧适度,环向松弛率经验值一般取10%,纵向松弛率一般取6%,并紧贴岩面。

(4)防水板宜采用热熔双焊缝焊接工艺,焊缝应进行密封性检测,单侧焊缝宽≥10mm,防水板焊接无漏焊、假焊、焊焦、焊穿等现象;绑扎或焊接钢筋时不应损伤防水板,发现破损及时修补。

(5)防水板搭接缝与施工缝错开距离不小于500mm。防水板搭接长度不小于100mm,分段铺设的防水板边缘预留至少600mm的搭接余量。

(6)防水板铺设超前二次衬砌宜为1~2组衬砌长度,并与爆破作业面保持安全距离。

土工布铺设见图9-4,防水板铺设效果见图9-5,防水板施工质量标准见表9-1。

图9-4 土工布铺设现场图

图9-5 防水板铺设效果图

防水板施工质量标准　　　　表9-1

项　　目		规定值或允许偏差	检查方法和频率
搭接宽度(mm)		≥100	尺量,每5环搭接检查3处
缝宽(mm)	焊接	焊缝宽≥10	尺量,每5环搭接检查3处
	粘接	粘缝宽≥50	
固定点间距(m)		满足设计要求	尺量,每20m检查3处
焊缝密实性		满足设计要求	尺量,每20m检查1处焊缝

7)钢筋安装

(1)防水板铺设完成后,开始二次衬砌钢筋绑扎,二次衬砌钢筋应提前在加工厂集中加工,运至现场绑扎安装。

(2)钢筋安装前应进行保证环向垂直度的测量放样,确保环向钢筋安装的垂直度及稳定性,并能与仰拱预留钢筋准确连接。

(3)在钢筋与防水板、钢筋与模板间均应设置保护层垫块,垫块应与钢筋扎紧,并互相错开,垫块的材质、规格、数量应符合设计要求。设计无要求时,垫块数量不应少于 4 个/m^2,混凝土垫块的抗压强度和耐久性不应低于拱墙混凝土的标准。

(4)横向钢筋、纵向钢筋及箍筋之间的每一个节点和交叉处必须进行绑扎或焊接,保证层距及整体稳定性。

(5)钢筋连接接头应设置在承受应力较小处,相邻主筋搭接位置应错开,错开距离不小于100cm,同一受力钢筋的两个搭接距离不应小于150cm。

(6)钢筋接长宜采用绑扎或机械连接方式,搭接长度应满足设计及规范要求。

混凝土保护层垫块布置见图9-6,二次衬砌钢筋安装效果见图9-7,衬砌钢筋实测项目见表9-2。

图9-6 混凝土保护层垫块布置现场图

图9-7 二次衬砌钢筋安装效果图

衬砌钢筋实测项目　　　　表9-2

项次	检查项目	规定值或允许偏差	检查方法和频率
1△	主筋间距(mm)	±10	尺量,每模板检查3点
2	两层钢筋间距(mm)	±5	尺量,每模板检查3点
3	箍筋间距(mm)	±20	尺量,每模板检查3点
4	钢筋长度(mm)	满足设计要求	尺量,每模板检查2根
5	钢筋保护层厚度(mm)	+10,-5	尺量,每模板检查3个点

注:△表示关键检测项目。

8)模板台车就位

(1)模板台车进场后,应对台车长度、轮廓几何尺寸、模板厚度及刚度、稳定性、工作窗口、振捣及电气、液压、行走系统等技术指标进行检查验收,验收合格并对表面进行打磨清理、涂刷脱模剂后方可进洞就位。

(2)模板台车就位前,应对防水板、排水盲管、衬砌钢筋、预埋件等进行仔细检查,验收合格。

(3)台车宜采用"五点定位法"定位,即以衬砌圆心为原点建立平面坐标系,通过控制拱部模板中心点、拱部模板与墙部模板的两个交接点、两墙部模板的底脚点来精确控制台车就位。

(4)台车定位后,应旋紧边模所有丝杠,保证与矮边墙及上一环混凝土有效搭接并密贴,轮轨处设置防溜车装置。为避免在浇筑边墙混凝土时台车上浮,可在台车顶部加设木撑或千斤顶。

模板台车就位见图9-8。

9)止水带及端头模板安装

(1)止水带按材质可分为钢边止水带、橡胶止水带、钢板止水带。钢边止水带搭接应采用热熔和铆接工艺,橡胶止水带搭接应采用热硫化工艺,钢板止水带搭接采用焊接工艺,搭接长度应不小于设计要求。

图9-8　模板台车就位现场图

(2)背贴式止水带安装时应与防水板焊接或粘接牢固,纵向中埋式止水带埋设时应采用夹具定位,确保线形顺直,宽度居中;环向中埋式止水带安装宜采用模板台车自带定型端模及翻转合页固定,埋设位置应准确,与衬砌端头模板垂直。

纵向止水带安装见图9-9;环向止水带安装见图9-10。

图9-9　纵向止水带安装现场图

图9-10　环向止水带安装现场图

(3)台车支撑到位后,安装端头模板。端头模板应定位准确、安装牢固,模板与岩壁间隙嵌堵密封,防止漏浆爆模。端头板顶部应留有排气、观察小窗口,以备观察混凝土灌注是否密实。

端头模板安装见图9-11,端头模板安装效果见图9-12。

图9-11　端头模板安装现场图　　　　　图9-12　端头模板安装效果图

10）混凝土浇筑

（1）衬砌混凝土施工应采用集中拌和、罐车运输、泵送入模的方法。混凝土浇筑见图9-13。

图9-13　衬砌混凝土浇筑现场图

（2）浇筑前须确认模板台车及端头模板稳固状况。

（3）混凝土应按照"先墙后拱，逐层对称"的原则连续浇筑，避免因中断时间过长造成"冷缝"，两侧高差控制在0.5m以内，输送软管管口至浇筑面垂直距离控制在2m以内。如果混凝土浇筑过程中，因机械故障或其他原因导致施工暂停，继续施工前应先对旧混凝土基面凿毛，用水将基面冲洗干净，在基面上铺一层厚度宜为3cm的砂浆后方可继续。

（4）混凝土捣固采用插入式振捣器和附着式振动器相结合的方式，振捣时要定人定位。

（5）混凝土浇筑过程中应对模板台车各受力结构的稳固状况进行检查，发现问题及时处理，防止爆模。

（6）封顶时做好混凝土浇筑控制，防止混凝土喷出或爆模。

二次衬砌混凝土分层逐窗浇筑见图9-14，附着式振动器捣固见图9-15。

图 9-14　分层逐窗浇筑现场图　　　　图 9-15　附着式振动器捣固现场图

11）脱模

（1）在衬砌拱顶混凝土强度满足规范要求并经技术人员同意后方可脱模。

（2）脱模时，先由拱顶至两侧拆除端头模板，然后由模板台车操作工操作模板台车，使模板台车面板与混凝土面脱离，完成脱模。

（3）脱模后，安排专人清除环向施工缝表面松动混凝土块。

12）养护

脱模后即应及时保湿养护，养护时间不得少于14d。

混凝土养护台车见图9-16。

图 9-16　混凝土养护台车现场图

13）衬砌背后回填注浆

回填注浆可采用在拱顶预埋注浆管带模注浆或钻孔埋设注浆管注浆工艺，回填注浆可有效解决隧道二次衬砌拱顶二次衬砌混凝土脱洞、不密实等问题。

（1）注浆设备。注浆设备宜选用外形尺寸小、重量轻、性能好的制浆注浆一体机，并能自动控制、调节、记录注浆量和注浆压力。

(2)注浆材料。注浆材料宜采用水泥砂浆,应具有微膨胀、高流动性、早强、泌水率低等特性,强度应满足设计要求。水泥宜选用强度等级为42.5的普通硅酸盐水泥,砂子选用中细砂,粒径不大于2.5mm,使用前应过筛。砂浆配合比:水灰比(重量比)宜为0.6:1~1:1,灰砂比宜为1:1~1:2.5,可根据现场试验进行调整。

(3)注浆管及排气管埋设。采用带模注浆工艺时,在衬砌台车模板中心线位置沿台车纵向方向设置一定数量的注浆孔,并安装注浆用固定法兰,在浇筑混凝土前预埋RPC注浆管,混凝土浇筑结束后、模板台车脱模前从预埋注浆孔处进行注浆。模板台车注浆孔预留数量一般为3~4个,两端注浆管位置宜距端模0.6~1.5m,中间注浆管均匀布置,注浆孔孔径宜为40mm。带模注浆注浆孔设置见图9-17。

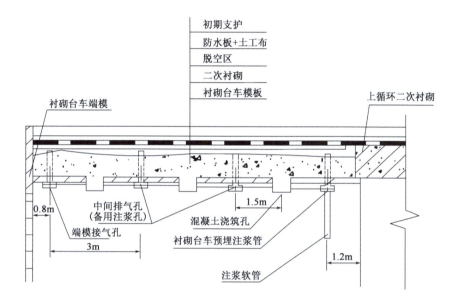

图9-17 带模注浆模板台车预埋注浆管示意图

采用钻孔埋设注浆管注浆工艺时,应预先探明衬砌背后空洞位置,在空洞位置顶部沿纵向方向采用冲击钻打设2~3个注浆孔,钻孔间距宜为2m左右,钻孔深度应依据隧道衬砌设计厚度及检测报告显示的脱空厚度确定。如钻机出现突进现象时,说明空洞位置已到,应立即停止作业,避免继续钻进破坏防水板。

钻孔完成后根据孔径大小宜埋设 $\phi 25\sim 50mm$ 钢管(带丝扣连接阀门),管口中心对正钻眼位置,一根为注浆管,其他为排气管,排气管口比注浆管口高,管顶端距空腔顶面不大于2cm。

(4)注浆。回填注浆宜在衬砌混凝土强度达到相关要求后进行,回填注浆前浆液应搅拌均匀,搅拌时间不应小于3min,在注浆过程中搅拌机应持续搅拌。

注浆过程中应注意观察衬砌施工缝等部位是否漏浆,若漏浆应暂时停止注浆,对漏浆处进行封堵,观察合格后方可继续注浆。

注浆压力宜控制在0.1~0.2MPa,在注浆压力达到0.3MPa或排气孔出浆时,可结束注浆。注浆结束后应将灌浆管孔封堵密实。

(5)注浆效果检查。注浆完成后,必须对注浆效果进行检查,以确保回填注浆的质量,检查的方法主要有钻孔检查法和无损检测法。对于不符合要求的地段必须进行补孔注浆。

①钻孔检查法:对注浆地段浆液充填情况进行钻孔检查,钻孔采用混凝土取芯钻机。

②无损检测法:用雷达扫描仪在注浆位置进行检测,检查背后有无空洞。

拱顶混凝土空洞监测报警装置见图9-18,二次衬砌带模注浆见图9-19。

图9-18 拱顶混凝土防空洞监测报警装置

图9-19 二次衬砌带模注浆现场图

第二节 主要施工安全风险分析

隧道二次衬砌施工过程中主要存在爆模、钢筋垮塌、物体打击、高处坠落、机械伤害、车辆伤害、火灾、触电、中毒和窒息等安全风险。

(1)爆模:模板台车、端头模板加固不牢、混凝土浇筑或振捣方法不当等可能造成爆模。

(2)钢筋垮塌:指二次衬砌钢筋在外力、重力作用下或支撑不稳,超过自身极限强度引起的垮塌事故。

(3)物体打击:二次衬砌模板台车和台架上的小型机具、材料、石块等掉落伤人。

(4)高处坠落:作业人员从二次衬砌模板台车和台架上等高处坠落。

(5)机械伤害:浇筑混凝土时接触输送泵进料口或输送泵堵管时处理方法不当等造成的机械伤害。

(6)车辆伤害:二次衬砌施工时被出渣车和混凝土罐车等车辆碰撞造成伤害。

(7)火灾:电线路短路、焊接作业和切割作业等引发防水板燃烧。

(8)触电:操作人员接触带电的台车、台架、设备金属外壳或裸露的临时线,漏电的手持电动工具等,可引发触电事故。

(9)中毒和窒息:防水板燃烧产生的有毒、有害气体引起作业人员中毒窒息。

第三节　主要安全控制要点

（1）隧道二次衬砌作业涉及的工种有电工、电焊工、钢筋工、混凝土工、防水工、模板台车操作工、测量工、设备操作司机等，其中电工、电焊工等特种作业人员必须持证上岗。

（2）隧道内防水板、土工布、止水带、排水管等防排水材料在隧道内临时存放时应做好防火措施。

（3）锚杆头割除时应当做好消防安全措施，清理下方可燃物，备好消防器材，设专人对动火作业进行监护。

（4）防水板铺设地段应配备足够数量的消防器材，钢筋焊接作业在防水板一侧应设阻燃挡板。

（5）防水板施工时照明灯具严禁烘烤防水板，距离不得小于50cm。

（6）防水板施工时严禁吸烟，钢筋焊接作业时，应设临时阻燃挡板防止机械损伤和电火花灼伤防水板。

（7）圆盘锯、电焊机、热熔焊机、射钉枪、振捣器等小型设备安全装置齐全可靠，作业人员严格遵守操作规程。

（8）隧道内不得加工钢筋，钢筋在洞内临时存放时应避免影响人员和车辆通行，且应进行支垫。

（9）首开段钢筋安装必须设置防倾覆、防垮塌措施，衬砌钢筋安装应设置牢固可靠的竖向及侧向等临时支撑。二次衬砌钢筋防倾覆、防垮塌临时支撑见图9-20。

（10）隧道内运输钢筋应根据各类作业台架腹下净空、洞内设施情况进行装载，捆绑牢固，固定可靠，防止发生碰撞和掉落。

（11）模板台车和作业台架应经专项设计，组装调试完成应组织验收，并应试行走。日常使用应按规定维护保养。

图9-20　二次衬砌钢筋防倾覆、防垮塌临时支撑现场图

（12）模板台车和作业台架四周应设置安全护栏、密闭式安全网，应安装防护彩灯、反光标志以及限高、限宽、限速等警示标牌，人员上下步梯应牢固，配备足够的消防器材。

（13）模板台车和作业台架上的各类用电设备应有绝缘保护装置，照明电压采用36V以下安全电压。

（14）模板台车的组装、拆卸应在洞外宽敞、平坦、坚实的场地上进行；当条件限制，必须在洞内组装、拆卸时，应选在围岩条件较好和洞身较宽阔的地段进行。

模板台车组装、打磨见图9-21，模板台车加固见图9-22。

（15）衬砌作业台架下预留通行作业人员、施工车辆以及安设风、水、电线路或管道的净空，应满足洞内车辆和人员安全通行的要求。

图 9-21　模板台车组装、打磨现场图　　　　图 9-22　模板台车支撑现场图

（16）衬砌作业台车、台架的移动,应有专人指挥,慢速移位。工作区严禁非作业人员和车辆通行、停留。非作业人员、设备、材料、工器具等应撤离到安全地点。

（17）模板台车行走时应做好风水管及电力线路的保护,防止损坏。

（18）模板台车就位后,应按规定设置防溜车装置,按设计高程及中线调整台车支撑系统,液压支撑应有锁定装置。

（19）模板台车端头挡板与防水板、台车间接触面应紧密,挡板支撑应稳固。

（20）封模作业应由下至上进行,严禁上下重叠作业,严禁攀爬模板上下。

（21）混凝土输送泵、混凝土罐车由专人指挥停放在安全区域。

（22）混凝土浇筑过程中严禁用手接触运转中的输送泵进料口。

（23）泵送混凝土管道安设及连接应符合规定,管道堵塞时,应及时停止泵送,从上到下逐节检查输送管,确定堵塞部位。堵管处理应按操作程序进行,不得违规作业。

（24）平板振捣器应分区、分部位进行振捣,避免产生共振导致模板台车变形移位甚至爆模。

（25）浇筑过程中应安排专人随时检查台车支撑、模板、混凝土管道、挡板的稳定性,当台车出现变形等异常情况时,作业人员应及时撤离作业平台,待隐患消除后方可恢复作业。混凝土浇筑过程中专人检查见图 9-23 示意。

（26）衬砌混凝土浇筑时必须控制浇筑速度,浇筑压力不得过高,保证两侧基本对称浇筑。

（27）注浆人员应佩戴护目镜、防护手套等劳动防护用品。

（28）脱模前必须设立警戒区,非作业人员严禁入内。

（29）每道工序完成后应及时清理作业场地,消除安全隐患,保持作业场地清整、通行无碍。

（30）运输机械应按规定线路及限行速度行驶,模板台车行驶或倒车时应有专人指挥,模板驻停时应有制动措施及安全警示标志。

（31）衬砌施工使用的小型工具和零件必须放入工具箱或工具包,禁止抛掷工具和零件,防止落物伤人。

（32）二次衬砌施工人员在模板台车、台架下施工时应注意过往车辆,及时避让。

(33)防水板铺设、钢筋安装、浇筑混凝土、拆模作业过程中必须设专人指挥,作业人员密切配合。

图 9-23　混凝土浇筑过程中专人检查现场图

(34)模板台车使用脱模剂、油脂、端头模板等材料应在指定区域集中堆放,并配备足够的消防器材。

第十章 PART 10
辅助作业

第一节　辅助作业概述

隧道施工辅助作业是指修建隧道时,为了配合隧道开挖、运输、初期支护、二次衬砌等工序施工而进行的其他作业,包含施工通风、高压供风、施工供水、施工供电及施工排水等。

辅助作业管线布置要求:高压风管、高压水管、排水管及电力线应布置在隧道两侧边墙上,通风管应挂于隧道拱顶或拱腰,排水沟应设置于洞内道路两侧;管线架设、安装应顺直、整齐。

辅助作业管线布置见图10-1、图10-2。

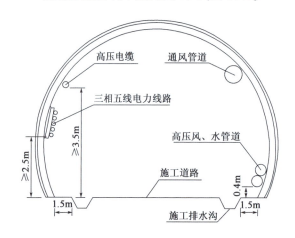

图10-1　辅助作业管线布置示意图

图10-2　辅助作业管线布置现场图

第二节　辅助作业要点

1. 施工通风

1)通风的目的

隧道通风目的是送进新鲜空气,排出有害气体,降低粉尘浓度,改善作业环境,提高生产效率。

2)通风方式

隧道通风方式有自然通风和机械通风两种方式。独头掘进长度超过150m时,必须采用机械通风。常用机械通风方式有送风式、排风式、混合式和射流巷道式通风。

通风方式应根据隧道断面大小、施工方法、设备配置、掘进长度以及污染物种类确定。瓦斯隧道须编制通风专项方案。

(1)送风式

通风机把新鲜空气经过风管压入工作面,污浊空气沿隧道流出。主要适用于中短规模隧道。主要优点为通风机无须移动,出风口风流有效射程长,排出炮烟作用强;主要缺点为供风量大,污风回流污染范围大。

送风式通风见图10-3。

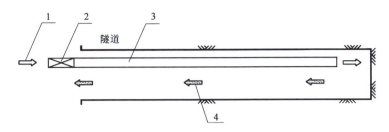

图 10-3　送风式通风示意图

1-新鲜空气;2-风机;3-送风管路;4-污浊空气

（2）排风式

利用通风机通过风管把工作面的污浊空气抽出,新鲜空气沿隧道流入。主要适用于非爆破开挖且无瓦斯涌出的隧道。主要优点为供风量少,有效范围内排烟速度快,无污风回流;主要缺点为有效距离短,洞内通风机需多次移动。

排风式通风见图10-4。

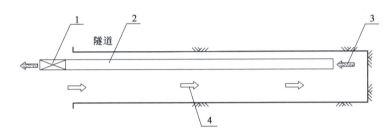

图 10-4　排风式通风示意图

1-风机;2-排风管路;3-污浊空气;4-新鲜空气

（3）混合式

混合式由送风式和排风式组合而成,分为负压排风混合式和正压排风混合式两种。适用于断面较大且无瓦斯涌出的较长隧道。主要优点为稀释和排出炮烟作用强,污风排出速度快;主要缺点为污风通过辅助坑道速度慢,出风道污染大。

负压排风混合式通风见图10-5,正压排风混合式通风见图10-6。

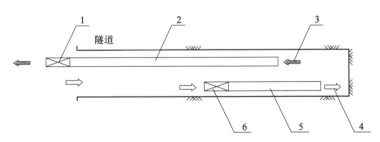

图 10-5　负压排风混合式通风示意图

1-排风机;2-排风管路;3-污浊空气;4-新鲜空气;5-送风管路;6-送风机

（4）射流巷道式

射流巷道式是在射流风机的作用下,新风从一个隧道进入,由送风管路送到掌子面,污浊空气经横通道从另一个隧道排出。主要适用于双洞并行、有辅助坑道的长大隧道。主要优点为通风机无须移动,进风道无污风回流,出风口风流有效射程长;主要缺点为供风量大,洞内通风机需多次移动。

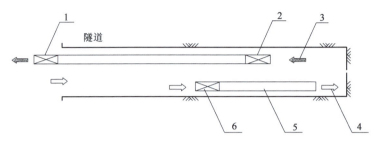

图 10-6 正压排风混合式通风示意图

1-排风管路;2-排风机;3-污浊空气;4-新鲜空气;5-送风管路;6-送风机

射流巷道式通风见图 10-7。

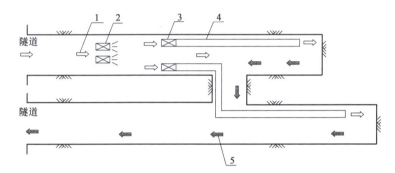

图 10-7 射流巷道式通风示意图

1-新鲜空气;2-射流风机;3-送风机;4-送风管路;5-污浊空气

3)主要通风设施

(1)隧道通风机主要有射流风机和轴流风机两种。送风式、排风式及混合式通风宜采用轴流风机,巷道式通风宜采用射流风机和轴流风机组合。通风机见图 10-8。

(2)隧道通风管有刚性风管和柔性风管。刚性风管主要有薄钢板、镀锌铁皮、玻璃钢、聚氯乙烯塑料板等材质类型,柔性风管主要有维尼纶涂胶皮、混织胶皮布、维尼纶聚氯乙烯人造革等材质类型。通风管见图 10-9。

图 10-8 通风机现场图

图 10-9 通风管现场图

(3)送风式通风宜采用柔性风管,排风式通风宜采用刚性风管,通风管直径一般为800～1500mm。

4)通风作业要点

(1)通风机宜在洞口30m以外,通风管的送风口距开挖面不宜大于15m。

(2)通风管的安装应做到平顺,接头严密,每100m平均漏风率不得大于2%。

(3)通风管穿越台车、台架时,应当预留足够空间确保通风管道顺直、净空足够,设置保护措施防止通风管道破损。

(4)隧道内供应新鲜风量不得小于每人$3m^3/min$,内燃机械作业供风量不应小于$4.5m^3/(min \cdot kW)$。风速不得大于6m/s,全断面开挖时风速不得小于0.15m/s,导洞内不得小于0.25m/s。

(5)工序作业前应检查通风效果,对作业环境中的粉尘、瓦斯、一氧化碳、烟雾等进行检测,符合卫生及安全标准后方可进行。

2.高压供风

1)高压供风的目的

高压供风的目的是为隧道风钻、钻机、混凝土喷射机等机具提供施工高压用风。

2)高压供风方式

隧道高压供风一般采用集中供风的方式,指在洞口附近或洞内设空压站,将空压机集中在空压站生产压缩空气,利用高压风管向洞内工作面供风。在洞口附近设空压站供风适用于中短隧道,在洞内设空压站供风适用于长大隧道。

空压站的供风能力取决于耗风量大小,并应考虑一定的备用系数。耗风量包括隧道内同时工作的各种风动机具的耗风量和从储气罐到风动机具沿途损失。

3)高压供风设施

高压供风设施有空压机(图10-10)、高压风管、储气罐(图10-11)等。

图10-10 空压机现场图

图10-11 储气罐现场图

空压机有内燃空压机、电动空压机两种。隧道施工宜采用电动空压机。根据计算确定空压站供风能力,选择合适数量和型号的空压机,并配备适当储量的储气罐。

高压主风管应采用无缝钢管,管节法兰连接,钢管和风动机具采用高压橡胶管连接。

4)供风作业要点

(1)空压站总输出管必须设总闸阀;主管上每隔300～500m应分装闸阀,以便控制和维修管道。

(2) 高压风管长度大于 1000m 时,应在管路最低处设置油水分离器,定期放出管中聚积的油水,保持管内清洁。

(3) 供风管道前端至开挖面距离宜保持在 30m 左右,应用高压软管接分风器,使用风压不小于 0.5MPa。

(4) 管路安装前应进行检查,管内不得有残杂物,敷设应牢固、平顺,接头严密不漏风。各种闸阀在安装前应拆开清洗,并进行水压试验,合格者方能使用。

3. 施工供水

1) 施工供水的目的

隧道施工供水的目的是为了满足隧道施工期间施工用水、消防用水等需要。

2) 施工供水方式

隧道施工常用供水方式有高位水池法、低位水池设增压泵法等。

高位水池法是指在隧道洞口上方设高位蓄水池,蓄水或抽水到高位水池,然后通过钢管引入工作面。适用于隧道洞口上方有水源、水量丰富,且水源处与洞内掌子面高差满足水压要求的情形。其主要优点为借助自然水位高差,提供施工所需要的水头压力,不需要机械增压;主要缺点为对水源高程要求高,否则须采用机械抽水的方式引水至高位水池。

低位水池设增压泵法是指在隧道洞口附近修建低位水池,在供水管路上安装增压泵进行加压供水的方式。适用于水源低于隧道洞口高程的情形。其主要优点为水源高程易满足要求;主要缺点为须采用机械增压的方式满足施工。

图 10-12 供水管路现场图

3) 供水设施

供水设施有蓄水池、水泵、增压泵、供水管路等。供水管路见图 10-12。

蓄水池宜采用石砌或现浇混凝土结构,容积一般为 20~30m³,根据地形条件可采取埋置式或半埋置式。受地形条件限制,不能埋置时,可采用修建水塔或用钢板焊接成水箱的方式。

施工供水常用的水泵类型主要有离心泵、潜水泵等。

施工供水常用的增压泵为离心式管道增压泵,安装在高压主水管上。

供水管路一般采用 $\phi 80 \sim 150$mm 的无缝钢管。

4) 供水作业要点

(1) 钻孔、注浆、混凝土养护、设备清洗、灭火及文明施工等作业时均应进行供水。

(2) 蓄水池应避免设在隧道顶正上方或其他可能危及隧道安全的部位,蓄水池基础应坚实,高位水池高差应能保证最高用水点的水压要求。

(3) 供水总输出管必须设总闸阀;主管上每隔 300~500m 应分装闸阀。

(4) 供水管道平顺、接头严密,管道前端至开挖面距离宜保持在 30m 左右,钻孔作业水压不应小于 0.3MPa。

4. 施工供电

1）临时供电的目的

临时供电的目的是为电动机械设备提供动力，并满足施工照明及生活用电等。

2）临时供电方式

隧道供电一般采用网电，不具备使用网电条件时采用自发电。一般采用在洞口附近设变压器或在洞口和洞内均设变压器进行供电，中短隧道在洞口附近设变压器供电一般可满足施工需要，长大隧道在施工一定长度后，因电压输送距离过长产生电压下降，难以满足设备正常运行的需要，除需在洞口设变压器外，还需在洞内设变压器进行增压供电。

隧道临时供电方式应根据隧道长度、用电负荷、设备配备等因素确定，实施前应编制临时供电施工组织设计，报相关单位审批后方可进行施工。

3）临时供电设施

临时供电设施有：变压器（图10-13）、配电柜、配电箱（图10-14）、开关箱、电缆线（图10-15）、照明灯具（图10-16）等。

图 10-13　变压器

图 10-14　配电箱

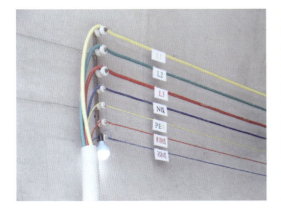

图 10-15　电缆线

图 10-16　照明灯具

4）临时供电要点

(1)供电线路布置和安装应符合《施工现场临时用电安全技术规范》规定。

(2)隧道施工供电应采用400V/230V 三相五线供电系统;动力设备应采用三相380V;照明电压在一般作业地段不宜大于36V,成洞段和不作业地段可采用220V,瓦斯地段不得超过110V,手提作业灯为 12～24V。选用的导线截面应使低压线路末端要点电压降不应大于10%;24V 及 36V 线端电压降不得大于5%。

(3)变电站电源线需跨越施工地区时,其最低点距人行道和运输线路的最小高度应满足:电压35kV 时 7.5m,电压6～10kV 时 6.5m,电压 400V 时 6m。

(4)洞内变电站应设置在干燥的紧急停车带或不使用的横通道内,距离宜为1000m,由变电站分别向相反两方向供电,每一方供电距离宜为500m。

(5)照明和动力线路安装在同一侧时,必须分层架设。电线悬挂高度应满足:110V 以下电线离地面距离不应小于2m,400V 时应大于2.5m,6～10kV 时不应小于3.5m。供电线路架设一般要求高压在上、低压在下,干线在上、支线在下,动力线在上、照明线在下。

(6)涌水量大的隧道内的电动排水设备,斜井和竖井内的电气装置,瓦斯隧道通风设备,应采用双回路输电,并应设可靠的切换装置。

(7)动力干线上每一分支线,必须装设开关及保险装置;严禁在动力线路上加挂照明设施。

(8)成洞地段固定的电线路,应采用绝缘良好的胶皮线架设,架设高度可结合后期装饰工程作业要求综合考虑确定。

(9)隧道洞内应在边墙上设置应急照明灯,设置间距宜为10～20m,离地面距离一般为2.2～2.5m,应急照明灯技术指标应符合相关要求。

5. 施工排水

1)排水的目的

隧道施工排水的目的是将涌入隧道内的地下水、施工废水等排出洞外,保证隧道施工安全及良好的作业环境。

2)排水方式

排水方式分为顺坡排水和反坡排水(图10-17)。顺坡排水利用排水沟自然排水,反坡排水设置集水井,采用水泵抽排。

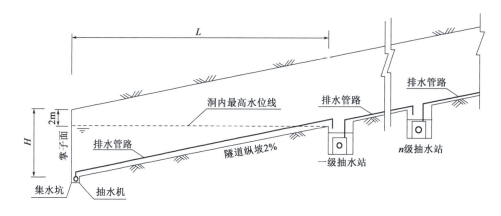

图10-17　隧道反坡排水作业示意图

3）排水设施

排水设施有水泵、排水沟、排水管路、集水井、沉淀池、污水处理站等。

根据洞内排水量选择合适的水泵型号和排水管管径。水泵宜选用潜污泵,便于拆装更换检修。排水管一般采用 φ200～250mm 无缝钢管。集水井设于洞内两侧,一般每隔 150～200m 设置 1 处,根据隧道纵坡及出水量情况予以适当加密,容量根据汇水量大小确定。

4）排水技术要点

隧道掌子面附近及仰拱端头处应设置集水坑,及时将积水排出,避免基底长时间浸泡影响隧道围岩稳定。

在围岩松软地段等特殊或不良地质地段隧道中,排水不宜直接接触围岩,宜根据需要对排水沟进行铺砌或用管槽代替,排水沟中不得有积水。

洞内顺坡排水的临时排水沟断面应满足排除隧道中渗漏水和施工废水的需要,并经常清理排水设施,防止淤塞,确保水路畅通。水沟位置应远离边墙,宜距边墙基脚不小于 1.5m。

洞内反坡排水应采用机械排水,应根据距离、坡度、水量和设备情况布置集水坑、抽水泵站和管路,一次或分段接力排出洞外;配备抽水机的功率应大于排水量的 20% 以上,并应有备用设备。

洞内污水排放至洞外后,应经三级沉淀池或污水处理站(图 10-18)进行处理,水质符合现行国家标准《污水综合排放标准》(GB 8978)规定后方可向外排放。

图 10-18　隧道排水污水处理站现场图

第三节　隧道辅助作业安全风险分析

隧道辅助作业过程中主要存在的安全风险有触电、高处坠落、车辆伤害、机械伤害、起重伤害、物体打击、隧道淹井、压力容器爆炸、职业病危害、环境污染等。

(1)触电:施工用电不规范,电缆线破损或线头裸露,有水地段电缆线破损漏电,非电工私自搭接电器设备,作业地段照明未使用安全电压等造成触电伤害。

(2)高处坠落:通风机、通风管路安装,电力线路架设等高处作业时,安全防护措施不到位,造成的高处坠落伤害。

(3)车辆伤害:洞内车辆通行时,辅助作业施工人员因避让不及时造成的车辆伤害。

(4)机械伤害:辅助作业施工过程中,违规操作空压机、通风机等机械设备造成的机械伤害。

(5)起重伤害:变压器、通风机等设备及风水管等周转材料吊装作业时造成的伤害。

(6)物体打击:人工装卸或安拆风管水管等材料时,因松脱、滑落等造成的伤害。

（7）隧道淹井：富水软弱围岩或岩溶隧道发生突水、突泥，隧道排水设备不足或损坏，排水能力不够造成隧道淹井。

（8）压力容器爆炸：空压机和储气罐的安全阀、压力表等失效，人员操作失误，设备维修保养不到位等造成事故。

（9）职业病危害：隧道供风量不足，通风不畅，粉尘超标，有毒有害气体超标，施工人员未正确佩戴劳动防护用品等造成职业病危害。

（10）环境污染：施工排出的水质不符合排放标准，造成环境污染事故。

第四节　主要安全控制要点

辅助作业涉及的工种有电工、电焊工、管道工、设备操作司机等，其中电工、电焊工等特殊工种及吊车、空压机司机应持证上岗。

1. 施工通风

（1）隧道施工人员应配备防尘口罩、耳塞等个人劳动保护用品。洞内作业人员应定期体检，保障健康。

（2）隧道施工通风应纳入工序管理，成立专门的通风班组，由专人负责管理。通风方案应经过专项审查，经监理单位审批后实施。

（3）隧道施工独头掘进长度超过150m时，必须采用机械通风。

（4）通风机安装应稳定牢固，经验收合格后方可使用。通风机控制系统应装有保险装置，长及特长隧道施工应有备用通风机和备用电源，保证应急通风的需要。通风机安装见图10-19。

（5）通风管架设及维修应采用作业平台，禁止人员站在装载机铲斗上操作，通风管安装作业台架应稳定牢固，经验收合格后方可使用。

（6）人员严禁在风管的进出口处停留，通风机停止运转时，不得靠近通风软管，在软管旁停留或放置物品。

图10-19　通风机安装稳定牢固

（7）隧道施工应采取综合防尘措施，并配备专用检测设备及仪器，按规定时间测定粉尘和有害气体浓度。

（8）隧道施工环境必须符合国家有关规定，并应满足下列卫生及安全标准的要求：

①空气中氧气含量按体积计不得低于20%。

②粉尘容许浓度：每立方米空气中含有10%以上的游离二氧化硅的粉尘不得大于2mg；每立方米空气中含有10%以下的游离二氧化硅的矿物性粉尘不得大于4mg。

常见有害气体容许浓度：

①一氧化碳容许浓度不得大于 30mg/m³,在特殊情况下,施工人员必须进入开挖工作面时,浓度可为 100mg/m³,但工作时间不得大于 30min。

②二氧化碳按体积计不得大于 0.5%。

③氮氧化物(换算成 NO_2)浓度应在 5mg/m³ 以下。

④隧道内气温不宜高于 28℃。

⑤隧道内噪声不宜大于 90dB。

隧道有毒有害气体检测见图 10-20。

2. 高压供风

(1)空压机储气罐为压力容器,属于特种设备,应当纳入特种设备管理。

(2)空压机、储气罐等设备安装应稳定牢固,经验收合格后方可使用。

(3)储气罐、安全阀、压力表应按规定进行检验。

(4)空压机站应有防水、降温和保温设施,并按规定配备消防器材;距离居民区较近时应有防噪声、防振动的措施。空压机房不得住人和做饭。

图 10-20　隧道气体检测现场图

(5)供风管的材质及耐风压等级应满足相应要求,不得采用伪劣或不合格管材。

(6)供风管安装前应进行检查,当有裂纹、创伤、凹陷等现象时不得使用,管内不得留有残余物和其他脏物。

(7)洞内供风管应敷设在电缆、电线路的相对一侧,不得妨碍运输和影响侧沟施工。风管网路中应分段设控制闸阀,以利于控制和检修。

(8)供风管应敷设平顺,接头严密、不漏风。软管与钢风管的连接必须牢固可靠,风管拆卸必须在空压机停机或关闭闸阀后进行。

(9)供风系统使用过程中应设专人负责检查和维护,对漏风管路及闸阀等应及时进行修复或更换。

(10)使用前应检查空压机的安全状况,确认完好后方可投入使用;使用过程中应经常检查维护,确保安全运转。

(11)操作人员应经专业培训并持证上岗,遵守安全操作规程。机械运转时,操作人员应注意观察压力表,其压力不得超过规定值。如发生异常情况必须立即停机检查。

(12)必须执行交接班制度,做好交接班记录,值班人员不得随意离岗。

(13)供风系统运转过程中不得随意松动、拆卸任何管路附件和接头,防止设备内部带压的气液混合体溢出伤人。

(14)检修或维护时必须停机、切断电源并排尽压缩空气,将配电箱锁闭并悬挂"严禁合闸"警示牌,防止意外启动导致人员伤害及设备的损伤。

高压风管安装见图 10-21。

3. 施工供水

(1) 隧道工程用水使用前应经过水质鉴定,符合施工用水水质要求。

(2) 高位水池不得设于隧道正上方,水池基础应置于坚实地基上,设防渗漏措施;顶部设防护棚,四周设防护栏,并有明显的安全警示标志,防止人员坠入。

(3) 机械抽水应有专人负责。当抽水机房设在河边时,应有防洪措施。水池与机房之间应保持通信联系。

(4) 抽水机电机的绝缘阻值应符合要求,机体应有可靠的接地接零保护。

图 10-21　高压风管安装现场图

(5) 供水管道在安装前应进行检查,有裂纹、创伤等不得使用,管内不得留有残余物。

(6) 供水管路应敷设平顺,接头严密、不漏水。

(7) 洞内管道应铺设在电缆、电线路的相对一侧,不得妨碍运输和通行。

(8) 寒冷地区冬期施工时,应采取防冻措施,防止供水管道冻裂。

(9) 供水系统应设专人负责检查维护,对漏水管路及闸阀应及时修复或更换,对水源含泥沙较多的高压水池应定期清洗。

4. 施工供电

(1) 施工现场电气设备及电气线路的安装、维修和拆除应由专职人员进行操作,检修电路与照明设备应切断电源。

(2) 临时用电线路等架设及维修应采用作业平台,禁止人员站在装载机铲斗上操作。

(3) 变压器、配电箱、开关箱等设备安装应稳定牢固,隧道外变电站应设置防雷击和防风装置。洞内变压器与洞壁最小距离不得小于 0.3m,并设防护围栏、警示灯、安全警示牌。

(4) 隧道施工用电应按设计要求设置双电源或自备电源。自备发电机组与外电线路必须电源联锁,严禁并列运行。

(5) 隧道施工照明应采用防水、防尘灯具,瓦斯地段应采用防爆灯具。

(6) 隧道内照明灯光应保证亮度充足、均匀并不闪烁,采用普通灯光照明时,其照度应符合表 10-1 的要求。

隧道施工照明照度要求　　　　　表 10-1

施工作业地段	最小光照度(lx)
开挖工作面	50
其他作业地段	30
运输通道	15
成洞地段	10

(7) 电工对临时用电应定期检查,每日检查配电箱、开关箱、用电线路等,发现隐患及时处理。

隧道洞内照明效果见图10-22。

5. 施工排水

(1) 隧道施工应做好排水工作,防止涌水淹没洞室,危及人员、设备和环境安全,影响施工质量和进度。

(2) 隧道施工前必须根据设计提供的工程及水文地质资料,结合现场实际情况,进行分析研究,预计可能出现的地下水情况,估计水量,制订排水方案。

(3) 对富水软弱破碎围岩、岩溶等有突涌水风险的隧道,必须进行防突涌水专项设计,编制专项安全技术方案。

图10-22 隧道施工段照明效果图

(4) 施工前应对地表水进行处理并及早修建洞口防排水设施,防止地表水渗漏及冲刷边仰坡危及结构及施工安全。

(5) 隧道内有水地段的高压电线必须按有关要求铺设,照明必须采用安全电压及防水灯头和灯罩。施工现场电线、电缆使用过程中应经常检查,确保绝缘良好。

(6) 掌子面抽水人员遇渗水面积或水量突然增加,应立即停止施工,施工人员撤至安全地点。

(7) 隧道洞口设置截、挡水措施,防止洪水倒灌造成淹井事故。

(8) 反坡施工及涌水量较大的隧道施工时,必须配备救生衣、救生圈、救生筏等应急救援物资。

(9) 沉淀池或污水处理站四周应设防护栏,并有明显的安全警示标志。

第十一章 PART 11
斜井施工

隧道斜井是指与隧道相连、通往地表、倾斜角一般在 3°~45°的辅助导坑，由井口结构、井身结构和井底结构组成。斜井主要作用是增加工作面，实现长大隧道分段施工，缩短工期，也可作为隧道施工和运营期间的通风及逃生通道。

第一节　施工工艺流程及要点

1. 施工工艺流程

斜井施工主要工艺流程见图 11-1。

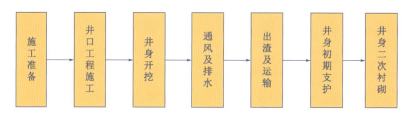

图 11-1　斜井施工主要工艺流程图

2. 主要技术控制要点

1）井口工程施工

（1）井口边、仰坡上方及井口的截排水沟应及时施作，排水系统应该与井口周围原有的排水系统顺接。对土质截排水沟应随挖随砌，不使水流冲刷坡面。

（2）截、排水沟施工完成后，应经常检查，发现堵塞应及时疏通。

（3）井口边坡应边开挖边防护，边坡防护施工前应清理干净边坡上的浮土和松动石块。

（4）洞门应及早完成，基础必须置于稳固的地基上，当地基承载力不能满足要求时，必须采取加固措施。

斜井井口工程见图 11-2。

图 11-2　斜井井口现场图

2) 井身开挖

斜井井身一般采用钻爆法开挖,按开挖方向可分为正向开挖和反向开挖两种方式。正向开挖是指由井口向井底方向开挖,反向开挖是指由井底向井口方向开挖。在斜井井口位置地形复杂以及隧道正洞已开挖到斜井井底时可采用反向开挖方式。公路隧道斜井一般采用正向开挖方式,开挖方法主要有全断面法、台阶法、L形法等。

(1)全断面法。即指按循环进尺将斜井整个设计断面一次开挖成形的方法,适用于地下水不发育的Ⅰ、Ⅱ、Ⅲ级围岩段。全断面法开挖见图11-3及图11-4。

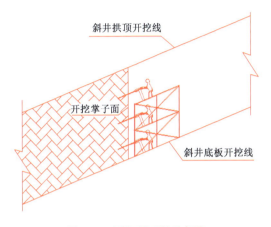

图11-3 全断面法开挖示意图

图11-4 全断面法开挖现场图

(2)台阶法。即将斜井的设计断面分成上下两层分别开挖的方法,适用于地下水不发育的Ⅳ、Ⅴ级围岩段。台阶法开挖见图11-5及图11-6。

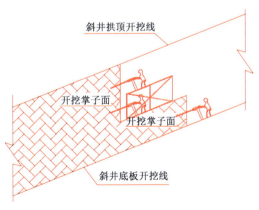

图11-5 台阶法开挖示意图

图11-6 台阶法开挖现场图

(3)L形法。即先将斜井掌子面前方的底面开挖成平面,再开挖底板的开挖方法。适用于不良地质、涌水量较大、坡度较大的情况。L形法开挖见图11-7。

斜井井身施工前必须进行超前地质预报,探明掌子面前方地质及水文情况,选择合理的开挖方法,每循环开挖前应检查掌子面围岩稳定情况,必要时采取超前预加固措施。主要控制要点与隧道正洞钻爆法开挖基本相同。

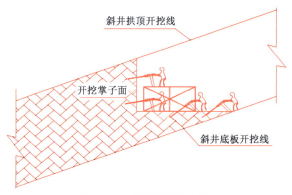

图 11-7　L 形法开挖示意图

3）通风及排水

斜井通风一般采用洞口送风式,通常配备一台 220kW 轴流风机搭配 $\phi1500mm$ 通风软管为井内送风,通风机宜在洞口 30m 以外,通风管的送风口距开挖面不宜大于 15m。

斜井通风见图 11-8。

图 11-8　斜井通风示意图

斜井施工应根据长度、坡度及渗水量等因素编制排水专项方案,井内积水可设置集水井阶梯式分段抽排,每隔 150~200m 设置 1 处集水井,每 200~300m 设 1 处固定泵站,在固定泵站之间设移动泵站,抽水机的抽水能力应大于排水量的 20% 以上。

斜井阶梯式分段抽排水见图 11-9,抽水泵站及排水管路布置见图 11-10 及图 11-11。

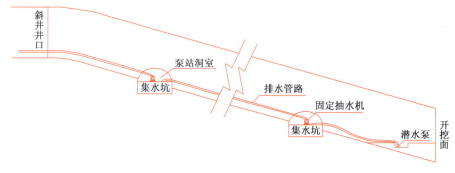

图 11-9　阶梯式排水示意图

图11-10 抽水泵站布置现场图

图11-11 排水管路布置现场图

4)出渣及运输

运输方式应根据井身坡度、长度、提升量及井口地形等条件合理选择,坡度不大于10%的缓坡斜井可采用自卸汽车及皮带运输机等无轨运输方式;坡度大于10%的陡坡斜井可采取提升机提升矿车或箕斗等有轨运输方式。斜井各种提升方式的适用条件及优缺点见表11-1。目前公路隧道斜井无轨运输主要采用自卸汽车运输方式,有轨运输主要采用提升机提升矿车运输方式。

斜井各种提升方式的适用条件及优缺点　　表11-1

运输方式	提升方式	适用范围	优　点	缺　点
无轨运输	自卸汽车	缓坡斜井	机动灵活,出渣能力大	洞内空气污染大,通风要求高
	皮带输送机		洞内空气污染小,可连续运输	设备多,安装工期长
有轨运输	矿车	陡坡斜井	洞内空气污染小,可连续运输	提升速度较慢,施工组织难度大
	箕斗		洞内空气污染小,可连续运输,提升速度快	须设置副井

(1)无轨运输

无轨运输一般采用装载机或挖掘机装渣,自卸汽车运至洞外弃土场。

无轨运输综合纵坡不应大于10%,车道必须硬化并采取防滑措施。

单车道运输时,应每隔一定距离设置一处会车道,其长度应满足安全行车要求,设置平坡段和防撞安全岛,平坡段长度不小于30m,安全岛外侧应设砂袋或废旧轮胎防撞墙。

无轨运输方式见图11-12。

(2)有轨运输

有轨运输包括提升系统、车道和轨道布设及设置提升运输信号。

①提升系统布置。提升系统主要由绞车房、天轮架、卸渣栈桥等组成,应在井口工程完成后进行布设。绞车房安装1~2台提升机,用于出渣及人员、材料运送;天轮架上对应有轨运输

车道安装游动天轮,用于钢丝绳转向;卸渣栈桥采用型钢制作,跨度应满足矿车卸渣长度,一般不小于2倍矿车车厢长度。提升设备主要有绞车、钢丝绳、矿车等,绞车以电动液压为主,一般选用JK型绞车。矿车一般选用3~10m³的侧卸式矿车。

图 11-12　无轨运输方式示意图

斜井有轨运输提升系统洞外布置见图11-13,提升及运输设备见图11-14~图11-17。

②车道布设。运输车道数量根据斜井断面大小布设,一般按单车道或双车道布设,采取双车道布设时,应保证两矿车的净间距大于50cm。车道对侧应设置人行梯步和安全扶手,人行梯步与车辆外缘距离不宜小于30cm。

单车道布设见图11-18及图11-19,双车道布设见图11-20及图11-21。

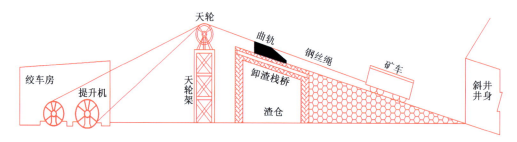

图 11-13　提升系统洞外布置示意图

图 11-14　天轮架现场图　　　　　　　图 11-15　绞车房现场图

图 11-16 卸渣栈桥现场图

图 11-17 侧卸式矿车现场图

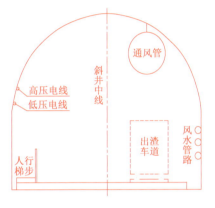
图 11-18 单车道布置断面图

图 11-19 单车道布设现场图

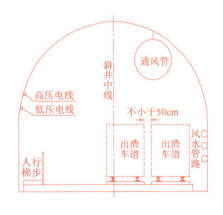
图 11-20 双车道布置断面图

图 11-21 双车道布设现场图

③轨道布设。轨道铺设参数应符合有关规范要求。

轨道轨枕可采用槽钢或方木加工,槽钢型号 14 号～16 号,方木截面面积宜为 15cm×15cm 左右,轨枕铺设间距不宜大于 80cm。

钢轨宜采用 38～43kg/m 的钢轨,采用专用夹板配螺栓连接,两侧轨的接头应前后错开

2m 以上,每根钢轨设置两组防爬设备,每对钢轨应有 3 根轨距拉杆,两条钢轨接头顶面的高差不得超过 5mm。

轨道中间应每隔 8m 左右设置一个地辊(图 11-22),其作用是将钢丝绳托起。地辊安装高度应低于轨面 40mm。曲线地段应在轨道内侧安设五花立辊(图 11-23),其作用是约束钢丝绳不偏离道心。

图 11-22　地辊

图 11-23　五花立辊

在井口及接近井底 60m 处应设挡车器(图 11-24),平时应处于关闭状态,放车时方准打开。每隔 100m 和接近井底时应设防溜车装置(图 11-25)。井身在人行梯步一侧每隔 30～50m 应设置一处躲避洞。

图 11-24　挡车器

图 11-25　防溜车装置

斜井承担隧道正洞或地下风机房施工运输任务时,须在斜井与隧道正洞或地下风机房连接处设置井底停车场,作用是实现正洞无轨运输与斜井有轨运输之间的相互转载,利用井底高差将矿车内的材料卸入自卸汽车或将自卸汽车内的洞渣卸入出渣矿车实现快速转载。井底停车场布置见图 11-26。

④提升运输信号。提升运输应采用专用的信号统一调度,信号宜以电铃为主,辅以指示灯、电话、对讲机及视频监控系统。信号在提升机司机、井口信号工、井底信号工之间传递,信号发给提升机司机后,司机必须在回复确认后才能运行矿车。

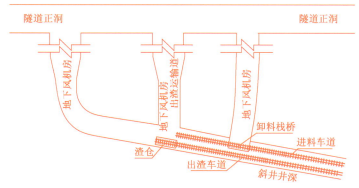

图 11-26 井底停车场布置示意图

(3) 出渣

出渣一般采用小型挖掘机或装载机进行装渣、矿车运输、栈桥卸渣。卸渣方式有侧卸式和漏斗式两种。侧卸式卸渣是指出渣矿车直接将洞渣卸在栈桥下方,再利用装载机装渣,自卸汽车运至弃土场;漏斗式卸渣是指在栈桥下方设置一个漏斗,弃渣矿车从栈桥上将弃渣卸入漏斗,自卸汽车行至漏斗下时,打开漏斗仓门卸渣装车,运至弃土场。

5) 初期支护施工

斜井初期支护应紧随开挖作业面及时施作,施工工艺及主要技术控制要点与隧道正洞初期支护基本相同,施工过程中应随时观测围岩和初支变形情况。

斜井初期支护施工见图 11-27。

6) 二次衬砌施工

斜井二次衬砌应在围岩与初期支护变形基本稳定后施作,围岩差时应及早施作二次衬砌。二次衬砌一般采用模板台车法施工,宜由井底向井口方向进行。斜井二次衬砌施工见图 11-28 及图 11-29。

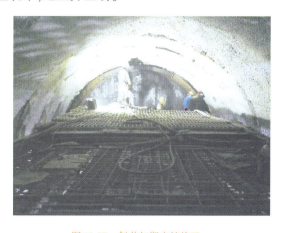

图 11-27 斜井初期支护施工

图 11-28 斜井二次衬砌施工

图 11-29 斜井二次衬砌完成后效果图

防水层铺设及衬砌钢筋安装宜采用雪橇式作业台架(图11-30),台架采用锚桩或钢丝绳固定。

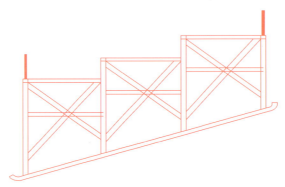

图11-30　雪橇式作业台架示意图

台车移位及定位时应采取可靠的防溜车措施。台车行走可采取卷扬机牵引或两组行走油缸交替推进的方式,台车就位后应固定在轨道上,前端用钢丝绳系在地锚上,台车轨道应采用锚杆固定在底板上,锚杆直径宜为 $\phi22 \sim 25mm$,长度一般不小于50cm。

混凝土浇筑一般采用轮胎式或轨行式混凝土罐车运输、泵送入模方式,混凝土应分层、左右侧交替对称浇筑,每层浇筑厚度不宜大于50cm,两侧高差控制在50cm以内。

7)交叉口及挑顶施工

斜井与正洞交叉口(图11-31)处宜采用台阶法施工,交叉口处应架立锁口钢架(图11-32)及横梁钢架,横梁与斜井锁口钢架设置钢斜撑和竖向立柱支撑并牢固焊接。

图11-31　斜井与正洞交叉口现场图

围岩稳定性较差时,小导洞可采用临时门型钢架锚喷支护,门型钢架拱顶应位于正洞开挖轮廓线外侧,并预留一定变形量,施工过程中应加大监控量测频率。

斜井进正洞施工时,宜采用矩形小导洞从斜井上台阶向上挑顶至正洞上台阶,顺正洞拱顶弧形进行开挖,待导洞段的正洞拱部初期支护完成后,可进行正洞上台阶施工。

小导洞平面布置见图11-33,挑顶施工正洞示意见图11-34,挑顶施工斜井示意见图11-35。

交叉口挑顶施工步序参考表11-2。

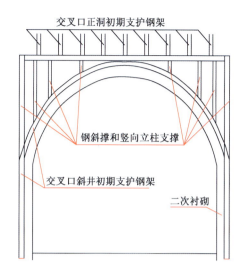

图11-32 斜井锁口钢架示意图

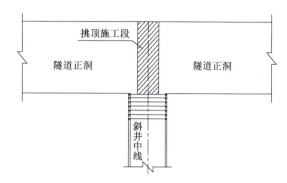

图11-33 小导洞平面布置示意图

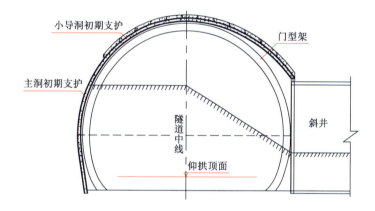

图11-34 斜井进入正洞挑顶施工正洞示意图

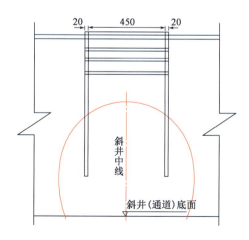

图11-35 斜井进入正洞挑顶施工斜井示意图

交叉口挑顶施工步序参考表 表11-2

施工步序	示意图	说　明
第1步		小导洞开挖至正洞上台阶
第2步		设立正洞上台阶拱架、网喷支护

续上表

施工步序	示 意 图	说 明
第3步		正洞上台阶向小里程(大里程)方向开挖支护
第4步		正洞上台阶向大里程方向(小里程)开挖支护
第5步		正洞中台阶开挖支护

续上表

施工步骤	示意图	说明
第6步	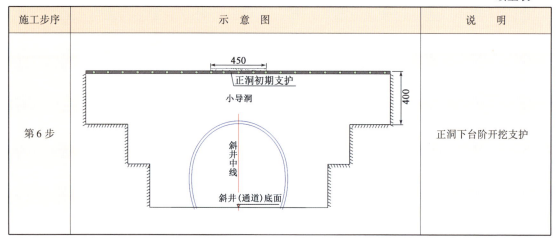	正洞下台阶开挖支护

第二节 主要安全风险分析及控制要点

1. 主要安全风险分析

斜井施工过程中存在的一般安全风险主要有坍塌、突泥涌水、火工品爆炸、高处坠落、物体打击、机械伤害、车辆伤害、触电、中毒窒息、火灾等，另外还存在斜井溜车、淹井等特有的安全风险。

（1）斜井溜车。机械或车辆制动失灵、超速超载超限，有轨运输提升系统故障、钢丝绳断裂，运输轨道防溜措施不到位等造成斜井溜车。

（2）淹井。因突泥突水、抽水设备不足、洞口外截排水措施不到位、地表水倒灌等造成淹井事故。

2. 主要安全控制要点

（1）斜井施工涉及的工种主要有开挖工、电工、电焊工、钢筋工、混凝土工、防水工、测量工、管道工、爆破作业人员、设备操作司机等，其中电工、电焊工、爆破作业人员及提升设备操作司机等特种作业人员必须持证上岗。

（2）斜井内应进行通风、喷水降尘和降温，作业前进行有毒有害气体检测，空气质量符合要求后，方可进入工作面。

（3）做好斜井洞口截水设施和排水系统，配备足够抽排水设备加强排水。斜井井口截排水措施见图11-36。

（4）斜井无轨运输，洞外距离洞口一定位置应设限高设施，洞内各种作业平台

图11-36 斜井防淹截水挡板

必须满足最小行车限界要求,并设置明显的警示标志。

(5)作业人员应走行人通道或人行步梯,注意过往车辆,及时避让。人车分道见图11-37。

(6)做好超前地质预报工作,遇有探孔突水、涌泥、渗水增大和围岩整体性变差等现象及时撤离并上报处理。

(7)开挖前应检查围岩稳定情况,必要时采取超前预加固措施;开挖后应及时支护,观测围岩和初支变形情况,围岩差时应及早施作二次衬砌。

(8)当工作面附近或未衬砌地段发现落石、支撑发响、大量涌水时,施工人员应立即撤出井外,并报告处理。

(9)斜井安装初期支护钢架时,必须按设计要求进行,在安装过程中采取专门稳固钢架的措施。

(10)各种作业台架必须配有制动装置,就位后应进一步采取加固措施,防止作业过程中顺坡溜滑。

(11)斜井内运输道路必须硬化,并采取防滑措施,应有足够的照明。

(12)长及特长隧道无轨运输综合纵坡不应大于10%,每隔一定距离设长度不小于30m的平坡段。平坡段设置见图11-38。

图11-37 人车分道示意图

图11-38 斜井平坡段设置示意图

(13)斜井单车道无轨运输,每隔一定距离应设置一处会车洞,其长度应满足安全行车要求。斜井会车洞见图11-39。

(14)洞内通道一侧每隔一定距离应设置一处防撞安全岛,安全岛内应设有废轮胎防撞墙,作为车辆制动失灵时的安全应对措施。废轮胎防撞墙见图11-40。

(15)在洞内的集水坑、变压器、紧急避险处应设置防撞隔离栏和闪光红灯警示标志。

(16)斜井与正洞交叉口处应设置安全警示标识和凸面镜,车辆通行时应设专人指挥。

(17)隧道运输应建立统一的运输调车管理制度,由专人负责,在斜井与正洞交叉口处应设专人指挥。

(18)驾驶员应每天对运输车辆进行检查,确保车况良好。

(19)斜井机械车辆的制动器、喇叭、灯光、连接装置良好,无轨运输车辆必须限速行驶。

(20)斜井中牵引运输时,斜井口、井下及卷扬机之间应有联络信号;提升、下放与停留应有明确的色灯和音响等信号规定。联络信号见图11-41。

图 11-39　斜井会车洞设置示意图

图 11-40　斜井防撞墙设置示意图

图 11-41　松绳信号

(21)斜井井口轨道中心必须设置安全挡车器,经常处于关闭状态,放车时方准打开。斜井长度超过100m时,应在井口下20m和接近井底60m处设置第二道挡车器;长大斜井应每隔100m和接近井底时在轨道上设置防溜车装置。

(22)运输斗车之间、斗车和钢丝绳之间应有可靠的连接装置,并加保险绳。在斗车、钢丝绳或车钩上,要有防脱钩设备。

(23)斜井中牵引运输速度不得大于5m/s,接近洞口与井底时不得大于2m/s,升降加速度不得大于0.5m/s。

(24)斜井提升设备必须装设防过卷、防过速、限速器、深度指示器等保险装置。保险装置作用见表11-3。

提升设备保险装置作用表　　　　　表 11-3

保险装置名称	作　　用
防过卷装置	当提升容器超过正常卸载位置0.5m时能自动断电,并能使保险闸发生作用
防过速装置	当提升速度超过最大速度15%时能自动断电,并能使保险闸发生作用
限速器	当提升速度超过3m/s时必须安装,保证提升容器到达终端停止位置前的速度不大于2m/s
深度指示器	提升开始减速时警铃能自动示警,司机不须离座即能操纵常用闸和保险闸

防过卷装置见图11-42,防过速保险装置及限速器见图11-43,深度指示器见图11-44。

(25)斜井无轨运输道路及有轨运输轨道应设专门养护班组进行养护和维修。

(26)有轨运输时,严禁人员乘斗车、矿车上下,当斜井垂直深度超过50m时,应配备运送人员的车辆,其使用应遵守下列规定:

①运送人员的车辆必须有顶盖,并装有可靠的防坠器。

②运送人员的车辆必须设车长跟随,车长坐在行车前方的最前排座位上,手动防溜车装置必须装在车长座位处。

图 11-42 防过卷装置

图 11-43 防过速保险装置及限速器

③每班运送人员前,必须检查车辆的连接装置、保险链及防坠器。运送人员前,应先放一次空车,检查斜井轨道和卷扬机的安全状况。

④运送人员的车辆不得超过定员,乘车人员及携带的工具不得超出车厢。

⑤运送人员的车辆必须装有向卷扬机司机发送紧急信号的装置。

(27)斜井的提升、连接装置和钢丝绳、绳卡应符合安全使用的要求,定期检查上油保养。

(28)斜井施工使用的钢丝绳的钢丝有变黑、锈皮、点蚀麻坑等损伤时,不得用于升降人

图 11-44 深度指示器

员。钢丝绳锈蚀严重,点蚀麻坑形成沟纹,外层钢丝松动时,必须更换。

(29)斜井的电动排水设备的电气装置应采用双回路输电,并有可靠的切换装置,电缆应使用铠装电缆。

(30)排水管沿斜井敷设,应选用无缝钢管或焊接钢管,当压力大于1MPa时,不应采用铸铁管。

(31)供风管、供水管安装前应进行检查,有裂纹、创伤、凹陷的管材不得使用。

(32)长大斜井应配备双电源和双管路,保证在系统电源断电后立即切换到备用电源上。

(33)涌水量较大的斜井施工时,必须配备救生衣、救生圈、救生筏等应急救援物资。

(34)斜井施工时,配备必要的抽水机、排水管、通风管、木材等备用材料。

第十二章 PART 12
竖井施工

第一节 竖井概述

一、竖井的概念

隧道竖井(图12-1)是指与隧道相连、通往地表的竖向辅助导坑,由井口结构、井身结构和井底结构组成。其主要作用是在隧道运营期间作为通风通道,也可在隧道施工期间增加工作面,实现长大隧道分段施工,缩短工期。

图 12-1 隧道竖井

二、竖井主要施工方法

竖井主要施工方法有全断面法和导井法,导井法主要有反井钻机法、爬罐法和吊罐法等。公路隧道竖井一般采用全断面法和反井钻机法施工。

竖井几种施工方法的优缺点及适用情形见表12-1。

竖井几种施工方法优缺点及适用情形　　　　　表12-1

施工方法	主要优点	主要缺点	适用情形
全断面法	工艺简单、不受正洞施工进度制约	出渣效率低,通风及排水困难,安全性差	深度较浅,地质较好
反井钻机法	出渣效率高,可利用导井通风及排水,安全性好	受正洞施工进度制约,钻孔精度要求高	隧道正洞已开挖至井底
爬罐法	工艺简单、出渣效率高,可利用导井通风及排水	受正洞施工进度制约,导井安全性差	深度较浅,地质较好,隧道正洞已开挖至井底
吊罐法	出渣效率高,可利用导井通风及排水	受正洞施工进度制约,钻孔精度要求高,导井施工安全性差	深度较浅,地质较好,正洞已开挖至井底

全断面法(图 12-2)是指自井口向下全断面一次开挖成形的施工方法。

反井钻机法(图 12-3)是指在地面采用反井钻机向下钻一直径为 0.2～0.3m 导孔与隧道连通,在井底安装扩挖钻头向上开挖导井,再从井口向下扩挖井身的施工方法。

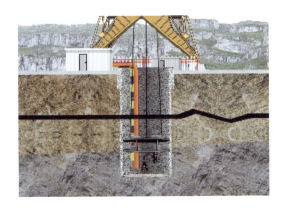

图 12-2　竖井全断面法施工示意图

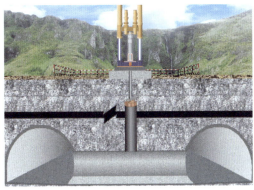

图 12-3　竖井反井钻机法施工示意图

爬罐法(图 12-4)是指在井壁上安装爬行轨道,利用爬罐设备沿轨道爬行作为施工平台,自下而上开挖一直径为 2.0～2.5m 导井,再从井口向下扩挖井身的施工方法。

吊罐法(图 12-5)是指在地表竖井中心用钻机钻一直径为 0.2～0.3m 的导孔,利用提升系统通过导孔提升吊罐,将其作为施工平台,自下而上开挖一直径为 2.0～2.5m 的导井,再从井口向下扩挖井身的施工方法。

图 12-4　竖井爬罐法施工示意图

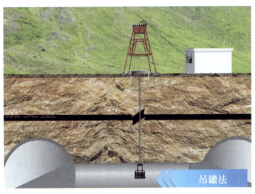

图 12-5　竖井吊罐法施工示意图

第二节　施工工艺流程及要点

一、全断面法

1. 施工工艺流程

竖井全断面法施工主要工艺流程见图 12-6。

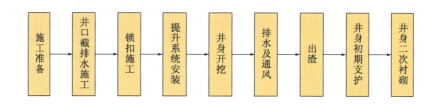

图 12-6　竖井全断面法施工主要工艺流程图

2. 主要技术控制要点

(1) 锁口施工

锁口圈施工前应先完成井口截排水系统施工,挖掘井口表土后再进行钢筋混凝土锁口圈施工,锁口圈顶面应高出地面 50cm,设置防护栏杆,施工时应尽量避开雨季。竖井锁扣施工见图 12-7。

图 12-7　竖井锁口施工现场图

(2) 提升系统安装

竖井提升系统主要由提升机、井架、井盖和吊盘组成。

提升机一般选用大型矿用提升机,卷筒直径 2.5m 以上,根据使用情况分为主提绞车、副提绞车和稳车。主提绞车主要用于出渣,副提绞车主要用于运送人员及材料,在出渣任务较重时,主副绞车可同时用于出渣。稳车一般包括吊盘悬吊稳车 3 台、主副提稳车各 1 台、吊泵稳车 1 台、抓岩机稳车 1 台、安全梯稳车 1 台等。

竖井提升机见图 12-8～图 12-11,提升系统布置见图 12-12 及图 12-13。

井架由天轮平台、主桁架、翻矸平台、扶梯、基础等组成。井架宜选用标准煤矿Ⅲ型或Ⅳ型井架。井架应在专业工厂加工,现场拼装。

竖井提升井架见图 12-14 及图 12-15。

井盖是井内施工时起安全防护作用的重要设施,一般用型钢制作骨架,上铺钢板,钢板上设井盖门和悬吊设备通过口,并与吊盘通过口一一对应。井盖门应在吊桶通过前开启,通过后立即关闭,不通过悬吊物的孔应采用盖板盖严。

图 12-8　提升系统操作室

图 12-9　主提绞车

图 12-10　副提绞车

图 12-11　稳车

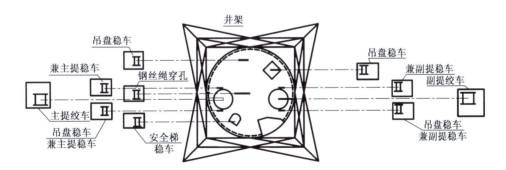
图 12-12　竖井井口提升系统布置平面示意图

竖井井盖见图 12-16。

吊盘一般由 2 根扁担梁和型钢焊成骨架，上铺钢板组成，其作用是保护井底作业人员安全。吊盘尺寸应比井筒净空小 10～20cm，盘上布置吊桶、吊泵、安全梯和管线等通过的孔口，其位置必须与井盖上对应的孔口位置在同一垂直面上，周边设可伸缩的丝杆，丝杆伸出顶住井壁以固定吊盘。吊盘开挖时可设 2 层，即吊盘、工作平台；衬砌作业时可设 3 层，即吊盘、工作平台、模板平台。

图 12-13　竖井井口提升系统布置示意图

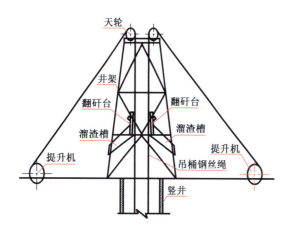

图 12-14　竖井提升井架示意图

图 12-15　竖井提升井架实景图

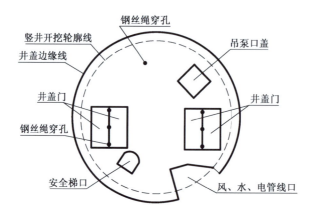

图 12-16　井盖布置平面示意图

竖井吊盘见图12-17及图12-18。

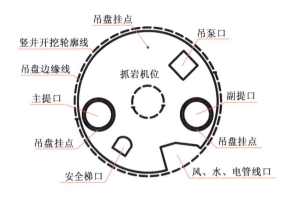

图12-17 吊盘布置平面示意图

图12-18 吊盘效果图

（3）井身开挖

①井筒表土开挖

井筒表土一般采用挖掘机挖土，挖掘机或中心回转抓岩机装罐，提升机挂矸石吊桶提升上井，表土开挖后应及时对井壁进行防护。当表土层不稳定时，可采用板桩法、地表注浆法、沉井法等辅助措施加固后再进行开挖。

板桩法是指在井筒掘进前，先用人工或打桩机在井筒周围外缘打入一排密集的板桩，形成一个密封的圆筒支撑井壁，在它的保护下进行掘进的施工方法。

地表注浆法是指在地表打设注浆孔，压入浆液对地层进行固结后再进行掘进的施工方法。

沉井法是指在设计井筒位置修建带刃脚的沉井，在井壁的保护下进行掘进，井壁随掘进下沉，相应接高井壁的施工方法。

竖井表土开挖见图12-19。

②井筒基岩开挖

井筒基岩采用钻爆法开挖，钻眼一般以伞形钻机（图12-20）为主、局部人工风钻为辅，伞钻通过提升机吊至井下，将中心对正井筒中心，撑起支撑气腿固定伞钻，将各钻机对正并垂直工作面进行钻眼，伞钻进出井筒时必须将臂收拢并捆绑，防止与吊盘等发生碰撞。

图12-19 井身表土开挖现场图

图12-20 伞形钻机

钻眼应按设计的炮孔位置、方向和深度进行，采用光面爆破、直眼掏槽，周边眼间隔装药，其他眼连续装药。装药时必须严格按炮眼布置及设计装药量装药，网络连接应在全部炮孔装填完毕后进行，将雷管脚线通过爆破母线与爆破电缆连接，装药和连线必须由爆破员进行，炮眼应采用黏土封堵。

爆破前井口房内的人员全部撤至离井口50m外的安全地点，爆破员检查爆破线路后最后升井，人员清点无误后打开井盖门，发出警示信号再等5s后，方可起爆。

全断面法开挖炮眼布置见图12-21。

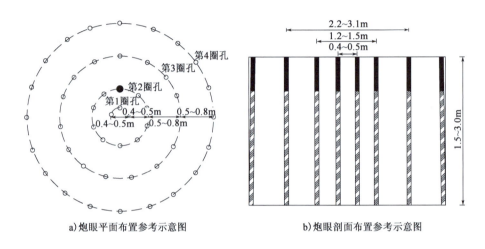

a) 炮眼平面布置参考示意图　　　　　b) 炮眼剖面布置参考示意图

图12-21　正井全断面法开挖炮眼布置图

（4）出渣

放炮后通风不少于30min，待炮烟吹散后，班长、爆破员、瓦检员下井进行安全检查，认为安全后方可通知其他人员下井作业。出渣一般采用中心回转式抓岩机装渣，提升机提升吊桶至井架翻矸平台上翻矸，吊桶一般选用容量为3m³左右翻转式吊桶。矸石通过溜渣槽装入自卸式汽车运至弃渣场。

竖井装渣及出渣见图12-22及图12-23。

图12-22　回转式抓岩机装渣　　　　　图12-23　翻矸平台上翻矸

(5)井身初期支护

竖井初期支护紧随开挖作业进行,利用吊盘辅助作业,自上而下施作,在钻设锚杆、铺挂钢筋网及安装钢架后及时喷射混凝土封闭。

(6)井身二次衬砌

竖井二次衬砌施工方法主要有翻模法、爬模法及滑模法。

翻升模板主要由模板、支撑系统、翻升系统等组成,三层模板组成一个基本单元。浇筑完上层混凝土后,将最下层模板拆除翻上来并成为第四层模板,依此类推,循环施工。竖井二次衬砌翻升模板施工见图12-24。

爬升模板主要由模板系统、爬架系统、液压系统等组成,利用井壁中预埋件的支撑作用,通过液压系统使导轨和爬架交替顶升完成模板就位,再灌注井身混凝土,如此循环往复,逐节爬升。竖井二次衬砌爬升模板施工见图12-25。

图12-24 竖井翻升模板施工示意图

滑升模板主要由模板系统、平台系统、液压提升系统等组成。预先在井身混凝土结构中埋置支承杆,利用千斤顶与提升架将滑升模板的全部施工荷载转至支承杆上,待混凝土达到规定强度后,通过液压系统将整个装置沿支承杆上滑,模板定位后又继续循环浇筑混凝土。竖井二次衬砌滑升模板施工见图12-26。

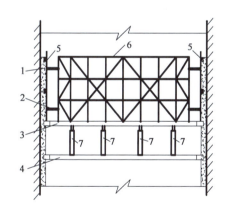

图12-25 竖井液压整体爬升模板立面示意图
1-衬砌混凝土;2-支模千斤顶;3-中平台;4-下平台;5-模板;
6-支撑架;7-爬升千斤顶

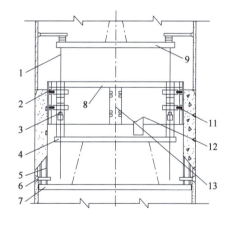

图12-26 竖井拉杆式液压整体滑升模板立面示意图
1-φ25mm爬杆;2-滑模;3-液压千斤顶;4-滑模辅助盘;5-刃角模板;6-手动千斤顶;7-固定吊盘;8-滑模工作盘;9-固定圈;10-顶紧支撑;11-顶架;12-液压控制柜;13-松紧装置

竖井防水层铺设及衬砌钢筋安装在吊盘平台上进行。防水层采用无钉工艺铺设,环向逐幅吊挂,保持适当的松弛度,并紧贴岩面。接缝采用热熔双焊缝焊接,每条焊缝宽度2cm,空腔宽度不小于1.5cm。衬砌钢筋主筋宜采用机械连接,环筋采用搭接,搭接长度应符合规范要

求。竖井井身钢筋安装见图12-27。

衬砌混凝土应从井底至井口浇筑,每循环高度宜控制在1.5~3.0m。混凝土浇筑前应对施工缝凿毛,浇筑时利用提升机挂底卸式吊桶将混凝土下吊至吊盘,通过分灰器及溜灰管入模,分层对称浇筑,分层浇筑厚度不宜超过300mm,采用插入式捣固棒振捣。浇筑上层混凝土时,须待下层混凝土强度达到要求后模板方可上升,翻模法、爬模法应控制在2.5MPa以上,滑模法应控制在0.3~0.6MPa。混凝土脱模后及时养护。

图12-27 竖井井身钢筋绑扎

(7)通风及排水

通风方式一般采取在井口设置轴流风机配阻燃软风管压入式通风。

当井深小于150m时,井底积水可利用吊泵一次性排出井外,排水管路采用高压软管;当井深大于150m时,可在井壁上开挖洞室接力排水,排水管路采用钢管,固定在井壁上。富水地段施工时,可采取超前注浆止水措施。

竖井通风见图12-28及图12-29,竖井排水见图12-30。

图12-28 竖井通风机　　　　　　　图12-29 竖井内通风

二、反井钻机法

1. 施工工艺流程

竖井反井钻机法施工主要工艺流程见图12-31。

2. 主要技术控制要点

(1)钻机就位

钻机就位前应先完成井口截排水沟施工,钻机应固定在混凝土基座上,定位时应调平对中,确保钻孔垂直度。反井钻机就位见图12-32。

(2)钻导孔

导孔宜采用清水钻进方式,应选择适宜于岩石硬度的钻头,开孔时低压慢速钻进,钻压宜为 2~5MPa，钻速宜为 200min/m，待钻杆在孔内基本稳定后逐渐加大钻压及钻速，钻压宜为 6~9MPa，钻速宜为 80min/m。

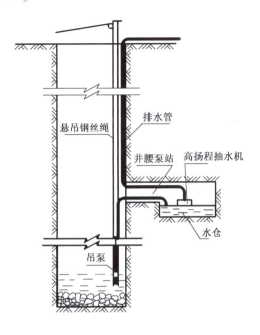

图 12-30　竖井接力排水示意图

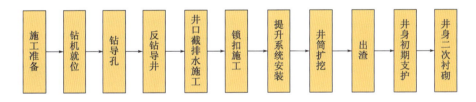

图 12-31　竖井反井钻机法施工主要工艺流程图

图 12-32　反井钻机就位

开孔时应安装扶正器,反井钻机的钻杆分为普通钻杆(1m)和稳定钻杆(0.5m),差别在于后者比前者四周多了均匀分布的4条3cm厚的钢肋板,其作用是导向与稳定,防止钻杆旋转随深度的增加产生过大的摆幅引起弯曲,同时防止钻杆与孔壁的直接接触,减少磨损。钻进时应合理布置稳定钻杆,钻进2m时必须加设1根稳定钻杆,钻进8~10m时应再加设1根,然后应每钻进20m加设1根。保证钻孔精度。一根钻杆钻进完成后,必须待孔内的岩屑全部排出,才能接卸钻杆。

导孔钻进遇不良地质易坍孔时,应采取泥浆护壁,必要时可进行灌浆后再钻孔。

(3)反钻导井

导孔钻至井底后,换装扩挖钻头,钻头直径一般为1.4m左右,自下而上将导孔扩大为导井,严格控制钻头上提速度,钻机系统压力根据岩石硬度大小进行调整,系统压力一般控制在18MPa以内。反钻过程中必须连续供水冷却钻头,供水量应不小于$8m^3/h$,钻头距井口2.5m时,应降低钻压,慢速提升,直至终孔。

(4)提升系统安装

导井反钻完毕后,先施工锁口圈,然后在井口安装提升系统。反井钻机法施工提升系统除井架上不安装翻矸平台外,其余与正井全断面法提升系统相同。

(5)井筒扩挖

井筒扩挖采用钻爆法自上而下一次扩挖成型,钻眼以伞形钻机为主、局部人工风钻为辅,周边眼光面爆破,扩挖过程中应随时调整开挖爆破参数,避免出现较大石块堵塞导井。竖井井筒扩挖炮眼布置见图12-33,扩挖施工见图12-34。

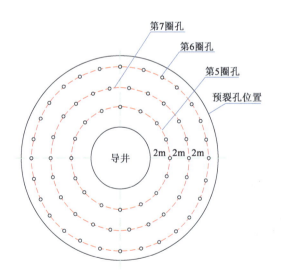

图12-33 井筒扩挖炮眼布置图

图12-34 井筒扩挖

(6)出渣

爆破后石渣从导井下溜至井底,在井底用挖掘机或装载机装渣、自卸汽车运至洞外弃土场。

(7)初期支护及二次衬砌

反井钻机法初期支护及二次衬砌与正井全断面法施工工艺及主要技术控制要点相同。

第三节　主要安全风险分析

竖井施工过程中主要存在的一般安全风险有坍塌、火工品爆炸、机械伤害、车辆伤害、触电、中毒窒息、火灾等。另外还存在物体打击、高处坠落、起重伤害、淹井等特有的安全风险。

(1)物体打击:竖井施工过程中机具、材料、渣土等掉落造成的伤害。

(2)高处坠落:井口及吊盘孔口防护不到位、人员乘坐吊桶上下时,未正确佩戴安全带造成的坠落伤害。

(3)起重伤害:提升系统信号和制动失灵、调度指挥不当、超速超载超限、钢丝绳断裂,运行过程中发生机械故障等造成的伤害。

(4)淹井:竖井内发生突泥涌水、抽水设备设施配置不足、井口外截排水措施不到位等造成淹井事故。

第四节　主要安全控制要点

(1)竖井施工涉及的工种有开挖工、电工、电焊工、钢筋工、混凝土工、防水工、测量工、管道工、爆破作业人员、设备操作司机等,其中电工、电焊工、爆破作业人员及提升设备操作司机等特种作业人员必须持证上岗。

(2)当发现落石、支护结构变形、支撑发响、大量涌水时,施工人员应立即撤出井外,并报告处理。

(3)竖井应及早施作锁口圈和井口周边的截水、排水系统,防止落石和地表水渗入井内。

(4)竖井施工裂隙水较发育,影响作业人员安全,应采用周边帷幕注浆止水。

(5)竖井施工应根据出水量进行抽排水设计,配置满足抽排水需要的各种设施和设备。

(6)竖井井架天轮棚必须安装避雷针,井架脚必须安装接地线。竖井天轮架安装效果见图12-35。

(7)提升机械安装完毕后必须经具有专业资质的检测机构验收合格,并出具安全检验合格证书后,方可投入使用。

(8)提升用的钢丝绳和各种悬挂使用的钩、链、环、螺栓等连接装置,应具有规定的安全系数,使用前应检验合格后方可安装。使用中应定期检查、维修和更换。

(9)井口的锁口圈应配置井盖。只有在升降人员和物料进出时,井盖方可打开。

(10)井口应设防雨设施,井口周围应设置安全栅栏和安全门,安全栅栏的高度不应小于1.2m。

(11)竖井掘进施工过程中,作业人员每天下井作业前应先按有限空间作业的有关要求做好气体检测和通风,确认正常后才可下井。

图 12-35　竖井井架天轮

（12）井口、井底、绞车房和工作吊盘间均应有联络信号，并有专人负责。必要时应装设直通电话。

（13）井内作业人数应严格按方案执行，严禁超员作业，人员下井时严禁携带与工作无关的物品。

（14）在竖井运输爆破器材，应遵守下列规定：

①事先通知卷扬司机和信号工。

②在上下班或人员集中的时间内，不应运输爆破器材。

③除爆破人员和信号工外，其他人员不应与爆破器材同罐乘坐。

④运送硝化甘油类炸药或雷管时，罐笼内只准放 1 层爆破器材料箱，不得滑动；运送其他类炸药时，炸药箱堆放的高度不得超过罐笼高度的 2/3。

⑤用罐笼运输硝化甘油类炸药或雷管时，升降速度不应超过 2m/s；用吊桶或斜坡卷扬设备运输爆破器材时，速度不应超过 1m/s；运输电雷管时应采取绝缘措施。

⑥爆破器材不应在井口房或井底车场停留。

（15）爆破作业时，应设置警戒区域，人员听从指挥，撤离到井外安全距离，雷雨天气禁止进行爆破作业。

（16）竖井掘进每次爆破后，应有专人清除危石和掉落在井圈上的石渣，检查初期支护和临时支撑有无受损，清理完后方可正常工作。

（17）封模作业应由下至上安装，严禁上下重叠作业、攀爬模板上下。

（18）高处作业时，必须挂设安全带，禁止抛掷工具和零件，防止落物伤人。

（19）提升机械不得超负荷运行，并应有深度指示器和防止过卷、过速等保险装置以及限速器和松绳信号等。

（20）工作吊盘的载重质量不应超过吊盘的设计载重能力。提升吊桶所用钩头连接装置应牢固，不得自动脱钩，并应有缓转器。罐笼提升应设置可靠的防坠器。

（21）吊盘上堆放材料应均匀布置，避免集中堆载。

(22)导井法施工时井底应设置安全警戒区域,严禁无关人员及设备进入。

(23)竖井内吊桶必须沿钢丝绳轨道升降,保证吊桶不碰撞岩壁,严禁超速或超载。

(24)火工品吊运时严禁炸药与雷管混装。

(25)竖井采用吊桶升降人员和物料时应遵守下列规定:

①吊桶必须沿钢丝绳轨道升降,保证吊桶不碰撞岩壁。

②运送人员及物料的速度不得超过有关规定。

③提升钢丝绳应与吊桶连接牢固,不得自动脱钩。

④吊桶上方必须设置保护伞。

⑤不得在吊桶边缘上坐立,乘坐人员身体的任何部位不得超出桶沿。

⑥吊桶不准超载,装有物料的吊桶不得乘人。

⑦乘吊桶人员必须佩戴保险带,吊桶放平稳后方允许人员进出吊桶。

(26)竖井采用罐笼升降人员和物料时,应遵守下列规定:

①罐顶应设置可打开的铁盖或铁门。罐底必须满铺钢板,不得有孔。

②罐笼一次容纳人数和最大载重量应明确规定,并在井口公布。

③罐笼升降速度不得大于3m/s,加速度不得大于0.25m/s^2。

④罐笼、钢丝绳、卷扬机各部及其连接处,必须设专人检查,发现钢丝绳有损,罐道和罐耳间磨损度超过规定等,必须立即更换。

⑤升降人员或物料的单绳提升罐笼必须设置可靠的防坠器。

⑥罐笼升降作业时,其下方不得停留人员。罐笼升降见图12-36。

图12-36 罐笼乘吊升降人员

(27)抽水设备应采用双回路供电,并有可靠的切换装置,电缆应使用铠装电缆,抽水能力应大于排水量的20%以上,并配备足够的备用水泵。

(28)排水管沿斜井敷设,应选用无缝钢管或焊接钢管,当压力大于1MPa时,不应采用铸铁管。

(29)供风管、供水管安装前应进行检查,有裂纹、创伤、凹陷的管材不得使用。

(30)供风、供水系统使用过程中应设专人负责检查和维护,对漏风、漏水管路及闸阀等应及时进行修复或更换。

(31)用于模板连接的螺栓、对拉杆应经常检查,保证无松动,不得漏装、漏拧。

(32)井内应有足够的照明,使用36V以下安全电压。

(33)竖井施工时应配备救生衣、救生圈等应急救援物资。

(34)竖井施工时配备必要的抽水机、排水管、通风管、木材等备用材料。

第十三章 PART 13
瓦斯隧道施工

第一节　瓦斯隧道基本知识及安全风险

一、瓦斯概述及特性

瓦斯是指煤系地层内以甲烷为主的有毒有害气体的总称。瓦斯在煤系地层中以游离或者吸附状态存在。瓦斯对空气的相对密度是 0.554,在标准状态下瓦斯的密度为 $0.716kg/m^3$,难溶于水,无色无味。瓦斯具有燃烧性和爆炸性,当瓦斯浓度达到 5% ~16%、引火温度达到 650~750℃(明火、电气火花、赤热的金属表面、吸烟、放炮、撞击等都能引起)、氧气含量大于 12%时(隧道中要求空气氧含量不得低于 20%),就会引发瓦斯爆炸。当瓦斯浓度达到 9.5%时,其爆炸威力最大。瓦斯爆炸三要素见图 13-1。

图 13-1　瓦斯爆炸三要素

二、瓦斯隧道类型

瓦斯隧道是指施工通过的地层中设计含有瓦斯或经检测发现瓦斯的隧道。根据瓦斯隧道区段内瓦斯浓度状况分为非瓦斯、低瓦斯、高瓦斯和瓦斯突出四类,最高瓦斯区段级别决定整个瓦斯隧道的类型。瓦斯隧道分类见表 13-1。

瓦斯隧道分类　　　　　　　　　　表 13-1

分　类	判定指标	备　注
低瓦斯区段	全区段的瓦斯涌出量 $<0.5m^3/min$	按绝对瓦斯涌出量进行判定
高瓦斯区段	有区段内瓦斯涌出量 $\geq 0.5m^3/min$	
瓦斯突出区段	隧道内有区段瓦斯压力$(P)>0.74MPa$	按瓦斯压力、放散初速度、煤的坚固性系数和煤的破坏类型来判定;满足条件之一即为瓦斯突出隧道
	瓦斯放散初速度$(\Delta P)>10$	
	煤的坚固性系数$(f)<0.5$	
	煤的破坏类型为Ⅲ类及以上	
低瓦斯隧道	由隧道内瓦斯区段最高级别来确定	
高瓦斯隧道		
瓦斯突出隧道		

三、瓦斯隧道施工安全风险

瓦斯隧道施工中存在的安全风险主要有瓦斯燃烧爆炸图13-2a）和瓦斯中毒窒息图13-2b）等。

a) 瓦斯燃烧爆炸

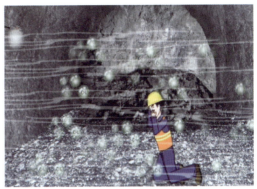
b) 瓦斯中毒窒息

图13-2 瓦斯隧道施工安全风险

瓦斯燃烧爆炸：瓦斯爆炸界限为5%～16%。当瓦斯浓度低于5%时，遇火不爆炸，但能在火焰外围形成燃烧层。瓦斯浓度在16%以上时，失去爆炸性，但在空气中遇火仍会燃烧。

瓦斯中毒窒息：通常所指瓦斯气体中一氧化碳、硫化氢等浓度超标，使人因呼吸困难而中毒窒息。

第二节　瓦斯隧道施工安全管理基本要求

瓦斯隧道施工前，除编制瓦斯隧道安全专项施工方案外，还应编制通风、瓦检、供电、爆破等方案，按程序审批后严格实施。

瓦斯隧道施工应根据瓦斯隧道级别有针对性地完善瓦斯专项管理制度，如瓦斯监测与报告制度、瓦斯隧道通风管理制度、瓦斯隧道施工检查制度、瓦斯隧道防火制度、瓦斯隧道进洞安检制度等，高瓦斯及瓦斯突出隧道还应制定瓦斯排放管理制度、机电设备防爆检查制度等，并加强过程检查，确保制度及措施严格落实。

根据瓦斯隧道级别确定施工所使用设备设施的配置类型。低瓦斯区段可配置非防爆型设备设施，高瓦斯及瓦斯突出区段必须配置防爆型设备设施（图13-3）及机具。

瓦斯隧道施工人员上岗前除进行岗前教育培训外，还必须经过瓦斯隧道施工安全专项知识培训，熟悉瓦斯隧道管理要点、安全管理制度及瓦斯隧道应急避险知识，经考核合格后方可上岗作业。瓦斯隧道作业人员除配备一般劳动防护用品外，还应当配备棉质工作服、胶底鞋；高瓦斯及瓦斯突出隧道还应配备压缩氧自救器（图13-4）等专用的个人防护用品，严禁穿戴易产生静电的化纤类服装进入瓦斯隧道。

a) 防爆型轴流风机

b) 防爆开关盒

图 13-3　防爆型设备

图 13-4　压缩氧自救器

　　临近煤系地层前,应根据瓦斯隧道监测方案准确探明瓦斯的出露里程、部位、瓦斯压力及含量,针对性完善专项施工方案和管理措施,确保石门揭煤及煤系地层施工安全。煤层探测示意见图 13-5。

图 13-5　煤层探测示意图

煤系地层施工应严格遵守"短进尺、快喷锚、强支护、勤检测"的施工方针和"加强通风、勤测瓦斯、严控火源"的作业原则。钻孔和喷射混凝土时，须采用"先开水、后开风"的湿式作业法，禁止采用干式作业，避免产生火花。开挖后暴露的新岩面须及时进行喷锚封闭，减少瓦斯溢出。

高瓦斯及瓦斯突出区段应当设置避险硐室（图 13-6），安装压风自救装置、供水施救装置、应急电话等救援设施，同时应配备足够的应急食品、药品等，做好过程检查维护保养，保证完好。

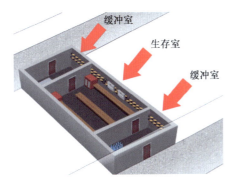
a) 避险硐室平面图

b) 避险硐室内部图

图 13-6　避险硐室

瓦斯突出区段可根据隧道埋深、煤层厚度、瓦斯分布等情况采取地面抽排或洞内抽排方式（图 13-7）进行瓦斯抽放，以降低瓦斯含量及压力，消除瓦斯突出风险。瓦斯抽放应由专业人员进行，根据瓦斯压力及含量正确布置抽排管、抽放泵和监测系统，设专人 24 小时进行监控，任何人员不得随意拆改瓦斯抽排设备和更改抽排数据。抽排管道气体测定仪见图 13-8。

a) 地面抽排

b) 洞内抽排

图 13-7　瓦斯抽排方式

瓦斯隧道施工项目应当同就近的专业矿山救援队（图 13-9）建立应急救援关系，必要时寻求专业救援力量的支持。

图13-8 抽放管道气体测定仪

图13-9 专业矿山救援队

第三节 瓦斯隧道气体检测管理

瓦斯隧道施工必须配备一定数量的专职持证瓦斯检测员,实现24小时不间断巡查检测,严禁脱岗、离岗。瓦斯检测员应熟悉检测仪器的操作及瓦斯自动监测系统的数据读取,严格遵守瓦斯检测操作规程和技术交底要求,及时填写瓦斯检测工作各项记录,并形成专门报表(图13-10)。瓦斯检测记录应保持连续性、完整性且数据真实、字迹工整、便于识别,由专人负责整理并及时上报。

a) 瓦斯检测日报表

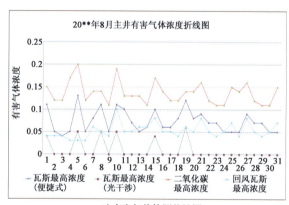

b) 有害气体检测统计图

图13-10 瓦斯检测统计报表

应根据瓦斯隧道区段级别建立瓦斯监控、检测、报警系统,测定瓦斯浓度、风速等参数,超限时启动报警。低瓦斯区段应配置至少1台便携式多参数测定仪,6~10台便携式瓦检仪,3台光干涉式瓦检仪,1套瓦检仪校验器(图13-11);高瓦斯及瓦斯突出的区段,还应增配瓦斯自动检测传感器,安装瓦斯自动报警系统和断电装置(图13-12)。任何人不得随意更改气体传感器的预设参数,发现各类传感器数据显示异常时应及时查明原因并上报项目技术负责人,对监控系统进行校核、检验,并采取处理措施。

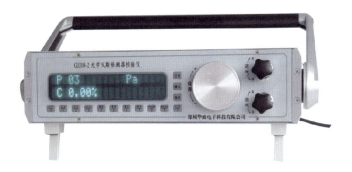

图 13-11　瓦斯校验仪

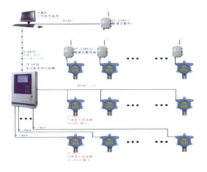

a) 瓦斯自动报警系统

b) 瓦斯自动断电装置

图 13-12　瓦斯自动报警及断电系统

瓦检员人工检测时,应采用光干涉瓦斯检测仪和便携式瓦斯检测仪互相验证检测数据的准确性,发现异常应及时查明原因并处理。瓦斯隧道施工过程中,瓦斯浓度超限时,应当采取加强通风、停工撤人、上报等措施及时处理,待瓦斯浓度降低至限定的安全范围后,方可恢复作业、通电及重新启动电器设备等;开挖作业面、台车台架附近、洞室以及通风死角等易形成瓦斯积聚的重点部位应加强瓦斯检测频率。瓦斯超限应急处理措施见表13-2。

瓦斯超限应急处理措施　　　　　　　　　　表13-2

位　　置	瓦斯浓度(%)	应急处理措施
任意地段	≥0.5%	停工、加强通风
局部瓦斯积聚	≥2%	超限处20m范围内断电停工撤人
电动机附近20m以内	≥1.5%	断电停机撤人

第四节　瓦斯隧道施工通风管理

瓦斯隧道通风应采用独立通风模式,严禁串联通风,通风应采用"双电源""双风机"设置,一用一备,确保持续通风。瓦斯隧道通风见图13-13。

a) 独立通风

b) 串联通风

c) 通风机"一用一备"

图 13-13 瓦斯隧道通风示意图

瓦斯隧道通风应选用抗静电、阻燃的通风管,通风管口距离开挖作业面不得大于 5m,通风管漏风率不得大于 2%。瓦斯隧道通风机必须安设在距离洞口 30m 外的新鲜风流中,并安装风电闭锁装置(图 13-14),确保停风自动断电。瓦斯隧道通风必须设置专人管理,任何人不得随意开关通风机,防止因随意停风导致瓦斯浓度超标。

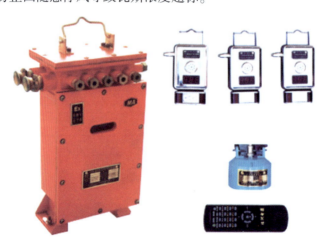

图 13-14 风电闭锁系统

瓦斯隧道因通风机故障停止通风的,须立即停工撤人,再次恢复通风后应由专职瓦检员由洞外向洞内进行瓦斯检测,检测瓦斯浓度达标后,方可恢复施工。瓦斯隧道内紧急停车带、洞室、坑道、衬砌台车顶部等易于瓦斯积聚的位置可增加局部通风措施,如果采取增设局部通风机等方式通风,必须满足"专用线路、专用变压器、专用开关和风电闭锁、瓦电闭锁"的"三专两闭锁"要求,且进洞风机、局扇须采用防爆型。

瓦斯隧道爆破后,低瓦斯及高瓦斯区段通风排烟不低于15min,瓦斯突出区段通风排烟不低于30min,通风后由瓦检员从洞外向洞内进行瓦斯检测,达标后方可进入作业面施工。

第五节　瓦斯隧道机电设备管理

瓦斯隧道内使用的电气设备和作业机械选型、外观、防爆性能必须根据瓦斯隧道的级别选择,低瓦斯区段可采用非防爆型电气设备及作业机械,但须配置瓦斯检测报警仪,当瓦斯浓度超过0.5%时,应停止作业。高瓦斯和瓦斯突出区段必须使用防爆型电气设备及作业机械,并加强瓦斯检测。

瓦斯隧道内施工用电电压必须严格按规范要求执行。严禁中性点直接接地的变压器或发电机直接向瓦斯隧道内供电,以降低触电电流引发瓦斯爆炸的风险。瓦斯隧道内的低压电气设备,严禁使用油断路器、带油的起动器和一次线圈为低压的油浸变压器。瓦斯隧道电压控制见表13-3,电器设备接地见图13-15。

瓦斯隧道电压控制表　　　　　　　　　　　　表13-3

线路及设备类型	低瓦斯区段	高瓦斯和瓦斯突出区段
高压线路	≤10000V	
低压线路	≤1140V	
照明、手持式电气设备、电话及信号装置	≤220V	≤127V
信息传输线路	≤36V	

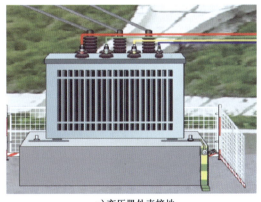
a) 变压器外壳接地

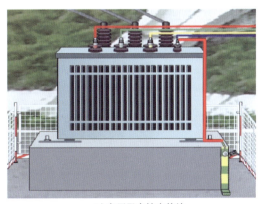
b) 变压器中性点接地

图13-15　电气设备接地

瓦斯隧道内固定敷设的动力、照明、通信信号和控制用的电缆应采用铠装电缆、不延燃橡套电缆和矿用塑料电缆等专用电缆,严禁使用普通电缆供电。瓦斯隧道专用电缆见图13-16。

a) 铠装电缆　　　　　　　b) 不延燃橡套电缆　　　　　　c) 矿用塑料电缆

图13-16　瓦斯隧道专用电缆

瓦斯隧道电缆与电气设备必须使用压线板、线鼻子等可靠连接,必须使用与电气设备的防爆性能相符合的接线盒,且接线盒密封性能必须满足要求,在高瓦斯及瓦斯突出区段,必须采用防爆型接线盒。线缆连接与接线盒见图13-17。

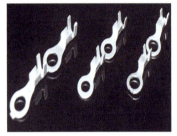  

a) 压线板　　　　　　　　b) 线鼻子　　　　　　　　c) 接线盒

图13-17　线缆连接与接线盒

为了防止雷电波在隧道内引起瓦斯爆炸,经由地面架空引入隧道内的风水管等各类金属管线,必须在隧道洞口附近设置接地及避雷装置,通信线路必须在隧道洞口处装设熔断器和避雷装置;进洞电缆不应与风、水管敷设在同一侧,当受条件限制须敷设在同一侧时,必须敷设在管子的上方,其间距应大于30cm;高、低压电力电缆敷设在同一侧时,其间距应大于10cm,高压与高压、低压与低压电缆间的距离不得小于5cm。接地与避雷装置见图13-18。

图13-18　金属管线接地及避雷装置

瓦斯隧道使用的测量仪器、相机及其他电池供电的移动设备,应采用防爆型,如采用非防爆型时,应加强瓦斯检测,仪器设备 20m 范围内瓦斯浓度必须小于 1%。

第六节 瓦斯隧道消防安全管理

瓦斯隧道必须在隧道洞外配置消防沙及储水量不低于 200m³ 的带压消防水池,瓦斯区段内每隔 100m 设置一个消火栓,瓦斯作业区内应设置灭火器及消防设施,加强检查保证状态良好。

瓦斯隧道洞口必须设置门禁系统,配置安检仪,设置专人 24 小时进行进洞管理,严格执行进洞检查制度,严禁进洞人员携带打火机、火柴、手机、化纤衣物等火源;瓦斯隧道洞口、通风机 20m 范围内,禁止吸烟及使用明火。

瓦斯隧道应尽量减少动火作业,如确须动火作业时,必须严格执行审批手续,由瓦检员、安全员对动火点附近 20m 范围内瓦斯浓度进行检测,瓦斯浓度必须低于 0.5%,并设置消防水、灭火器等消防安全措施后方可动火。瓦斯区段找顶、铲装石渣前应喷水润湿,避免碰撞产生火花。瓦斯区段内常用的油料、木材、防水卷材等易燃材料不得超过当班用量,使用后的废料及余料应及时清除至洞外并妥善存放。

第七节 瓦斯隧道爆破作业安全管理

瓦斯隧道必须采用湿式钻孔,炮眼的深度不应小于 60cm。钻孔作业过程中如遇拆装钻头、处理卡钻等作业时,应采用铜锤敲击,避免产生火花。炮眼布置见图 13-19。

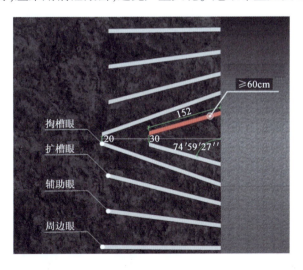

图 13-19 炮眼布置

瓦斯隧道必须采用煤矿许用炸药进行爆破,对于有瓦斯突出的地段,应采用安全等级不低于三级的煤矿许用含水炸药。煤矿许用炸药使用要求见表 13-4。

煤矿许用炸药使用要求　　　　　　　　　表 13-4

煤矿许用炸药级别	低瓦斯区段	高瓦斯区段	瓦斯突出区段
一级	可用	禁用	禁用
二级	可用	可用	禁用
三级~五级	可用	可用	可用

　　瓦斯隧道爆破必须使用煤矿许用毫秒延期电雷管，最后一段的延期时间不得大于130ms，严禁使用秒或半秒级电雷管、普通导爆管雷管和毫秒雷管。瓦斯隧道炮眼装药必须采用正向连续装药，禁止使用反向装药，所有炮眼的剩余部分应用机制炮泥封堵密实。煤矿许用电雷管见图13-20，瓦斯隧道装药示意图见图13-21，机制炮泥见图13-22。

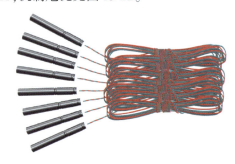

　　煤矿许用电雷管是用电能进行起爆的雷管，分为煤矿许用瞬发电雷管和煤矿许用毫秒电雷管，煤矿许用瞬发电雷管是在通以足够的电流后，能够立即起爆的电雷管，煤矿许用毫秒电雷管可以满足0~100ms不同延期时间的要求。该产品适用于有可燃性气体或有粉尘爆炸危险场合的爆破作业。

图 13-20　煤矿许用电雷管

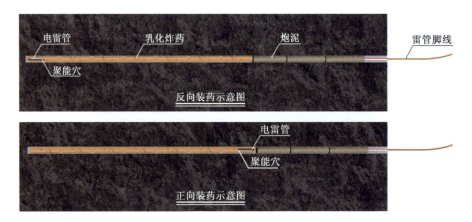

图 13-21　正反向装药示意图

图 13-22　机制炮泥

瓦斯隧道爆破必须执行装药前、装药后爆破前和爆破后的"一炮三检"及爆破员、安全员和瓦检员"三员联检"制度。爆破作业三员联检见表13-5。

爆破作业三员联检表　　　　　　　　　　　　表13-5

爆破时间		20　年　月　日	爆破部位及里程		掌子面：
瓦斯检测	装药前检查	瓦斯浓度为：_____%		具备/不具备装药条件	签字：
	装药完成爆破前检查	瓦斯浓度为：_____%		具备/不具备爆破条件	签字：
	爆破后检查	瓦斯浓度为：_____%		同意/不同意进入作业面	签字：
爆破网络检查		检查结论：网络为串联，接头紧密，绝缘良好……			签字：
爆破防护安全检查		检查结论：防护距离为　m，满足要求……			签字：

瓦斯隧道爆破网络必须采用串联连接方式，禁止采用并连网络起爆，线路所有连接接头应相互扭紧，裸露部分应绝缘包裹并悬空，起爆器必须使用防爆型。爆破网络连接示意见图13-23。

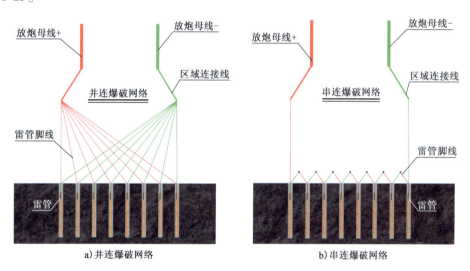

图13-23　爆破网络连接示意图

爆破网络母线与电缆、电线、信号线应分别挂在隧道的两侧，必须同侧挂设时，爆破母线应挂在电缆下方30cm以外。石门揭煤爆破时，应在洞外起爆，洞内必须停电并撤出所有人员；揭煤完成后，进入煤系地层开挖时，可在洞内爆破安全距离以外起爆。

瓦斯突出区段，揭煤爆破后暂不通风，待15min后由专业救护队员佩戴自救器进入开挖工作面进行检查，确认无煤与瓦斯突出风险后，方可按程序开展下步工作。

第十四章 PART 14
岩溶隧道

第一节 岩溶隧道的概念

岩溶隧道是指穿过可溶性岩层(如石灰岩、白云岩、硅质灰岩),遇到溶槽、溶洞及地下暗河等的隧道。

溶洞按形态大小可分为洞穴型、裂隙型、管道型和大型溶洞。按充填特征可分为充填型、半充填型和无充填型。溶洞形态见图14-1。

图14-1 溶洞各形态示意图

第二节 岩溶对隧道施工的影响

当隧道穿越可溶性岩层时,常遇到大小不等、部位不同、充填物及充填程度不同和含水量不等的溶洞。给施工带来一定困难,有的甚至是灾难性的。如隧道底部充填深而充填很松软,隧道基底难于处理;有的溶洞岩质破碎,易坍;有时遇到大水囊或暗河,岩溶水或泥沙水大量涌入隧道,形成突水突泥,造成重大伤亡事故;有时遇到填满饱和水分的充填物的溶槽,掘进至边缘时,含水充填物不断涌入隧道,难以遏止,以至地表下沉,山体压力剧增;有的溶洞、暗河迂回交错,分支错综复杂,范围宽广,处理十分困难,甚至被迫改线。

第三节 隧道岩溶处置措施

首先应根据设计文件及施工情况查明溶洞分布情况(影响建筑物的各种因素)、类型情况(大小、有无水、溶洞是否在发育中及其充填)、岩层的稳定程度和地下水流情况(有无长期补给来源,雨季有无增长特点)等,分别采取引、堵、越、绕等措施进行处理。

1. 引排水

遇到暗河和溶洞有水流时,宜排不宜堵。在查明水源流向及其与隧道位置关系后,用暗管、涵洞、小桥等设施,渲泄水流,或开凿泄水洞将水排出洞外。

当水流位置在隧道上部或高于隧道时,应在适当距离外,开凿引水斜洞(或引水槽)将水位降低到隧道底部位置以下,再行引排。当有平导时,可引入平导排出。

2. 堵填

对已停止发育、径跨较小、无水的溶洞,可根据其与隧道相交位置及其填充情况,采用混凝土、浆砌片石或干砌片石回填封闭,或加深边墙基础,加强隧道底部。

拱以上如系空溶洞,可视溶洞的岩石破碎程度采用锚杆加固、加设护拱及拱顶回填办法处理。

3. 绕避

遇到规模较大或富水高压的溶洞时,处理周期长,施工风险高,运营隐患大,可先以迂回导坑绕避溶洞区继续进行隧道施工,一面处理溶洞。迂回导坑避见图 14-2。

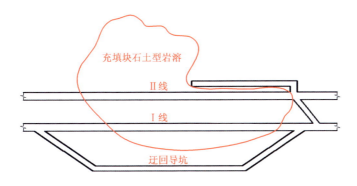

图 14-2　迂回导坑绕过溶洞区示意图

4. 注浆

遇到规模不大、充填物软弱且压力较小的岩溶时,可通过注浆,达到堵水和加固地层的目的,保证隧道施工安全。注浆堵水见图 14-3 及图 14-4。

图 14-3　注浆堵水加固　　　　　　　　图 14-4　全断面帷幕注浆

5. 释能降压

遇到溶腔壁稳定且充填物无外来补给的岩溶时,可通过钻孔方式实施排水降压或精确爆破技术,揭示、释放溶腔所存储的能量,降低施工及运营风险。溶腔释能降压见图 14-5 及图 14-6。

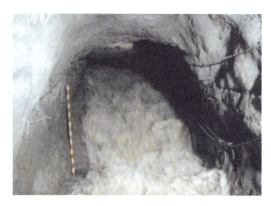
图14-5 释能降压

图14-6 释能降压后溶腔

6. 岩溶隧道结构处理形式

(1) 溶腔处于隧道上方时,可采用专项增设排水系统、局部加强支护结构,设置防护层、缓冲层等措施。隧道上方溶腔处治措施见图14-7。

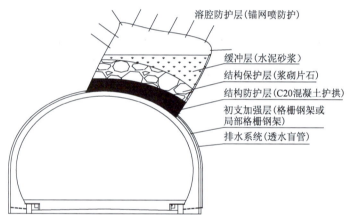
图14-7 隧道上方溶腔处治措施示意图

(2) 溶腔处于隧道侧方时,可采用专项增设排水系统、局部加强支护结构,设置隔离挡墙等措施。隧道侧方溶腔处治措施见图14-8。

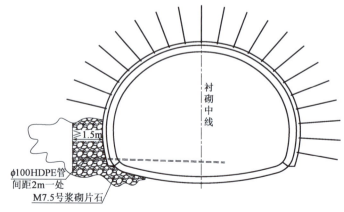
图14-8 隧道侧方溶腔处治措施示意图

（3）溶腔处于隧道下方时,当溶腔深度不大,可采用换填、底部加固等方式;当溶腔深度较大,可采用钻孔桩及预应力板、梁等措施跨越通过。隧道下方溶腔换填处置见图14-9,钻孔桩及预应力板、梁跨越见图14-10。

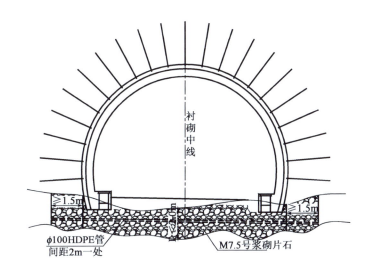

图14-9　隧道下方溶腔换填示意图

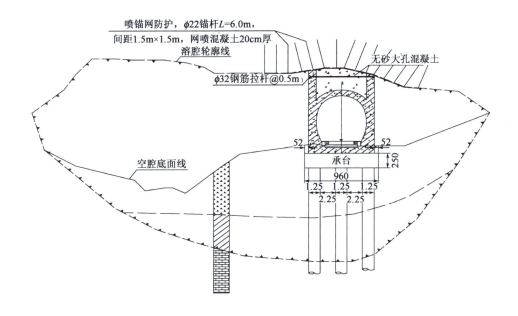

图14-10　钻孔桩及预应力板、梁跨越示意图

（4）隧道穿越大型溶腔时,根据具体揭示情况确定专项处理方案,一般可综合采用隔离墙、立柱支顶、拱罩防护、梁板拱跨越等措施。立柱支顶跨越处置措施见图14-11及图14-12。

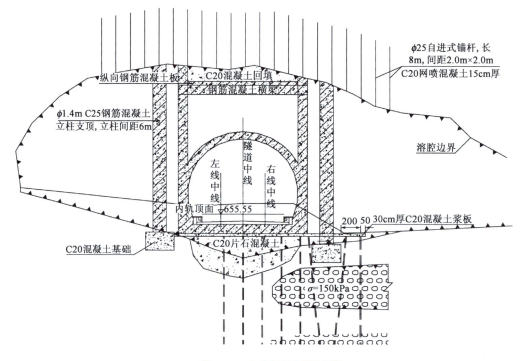

图 14-11　立柱支顶处理示意图

图 14-12　立柱支顶处理现场图

第四节　岩溶隧道施工主要技术控制要点

(1) 隧道施工穿过可溶性岩层地段时,应根据地勘及设计资料开展地质调查及地表水系调查,做出预测分析,制定专项施工方案。

(2) 对地表水、出水点的情况要详细了解,地表应进行必要处理,防止地表水下渗。

(3) 施工中要加强超前预测预报工作,通过采取地质素描、物探手段(如地震波法、直流电法、红外探水)及超前钻孔等综合手段来判断岩溶发育及地下水情况。可能已掘进至溶洞边缘时,应注意水情变化及裂隙溶蚀程度,当钻孔速度突然增快时,应对掘进、排水、支护等工作加以妥善安排。如出现浑水,则应采取堵水措施。

(4)接近溶洞边缘时,应跟紧后部工序,施作物探及超前钻孔探水,同时设法探明溶洞的形状、大小范围、充填物等情况,据以制定施工处理方案及安全措施。

(5)溶洞顶部须及时加固,及时处理危石,溶洞较高时要喷射混凝土及挂网。

(6)在溶蚀地段爆破作业,应做到多打眼、打浅眼、少装药。

(7)在溶洞填体中通过,充填物松软时,可采用管棚法(大、小)预注浆、初期支护加强、基底加固等措施,浅埋地段也可预先进行地表注浆。

(8)溶洞未作处理方案前,不要弃碴于其中。

(9)在处理复杂的溶洞时,要依据现场具体情况,制定安全措施,以确保施工安全。

(10)岩溶隧道开挖时,应采取分部开挖方法,以控制围岩变形坍塌。

第五节 主要安全风险分析

岩溶隧道施工时,易受岩溶水、洞穴及其充填物的危害,导致隧道突泥、涌水、坍塌、地表沉降等事故。

第六节 主要安全控制措施

(1)应先开展地质调查,并根据综合地质预报对溶洞里程、影响范围、规模、类型、发育程度和填充物、储水及补给情况、岩层稳定程度以及与隧道的相对位置等做出预测分析,制定防范措施。

(2)应遵循"以疏为主、堵排结合、因地制宜、综合治理"的原则施工,制定安全可靠的施工方案,采取相应的预防措施,防止发生突发性涌水、涌沙和泥石流灾害。

(3)对现场人员进行安全教育培训、作业技术交底,特别是应学会识别掌子面风险。

(4)了解地表水系与洞内出水之间是否存在关联关系,并针对性制定处理方案,宜在旱季进行溶洞处理和隧道施工。

(5)制定安全进洞条件,根据日降雨量、水压力、洞内排水量等确定安全等级,实施分级管理。

(6)施工前,应了解隧道区域范围内地表水、出水地点的情况,有条件时采取地表注浆等措施对地表进行必要的处理,当在溶洞充填体中掘进时,应提前注浆加固。

(7)钻孔作业前,必须超前钻孔探测,进一步查明开挖工作面前方一定范围内情况。

(8)岩溶段爆破开挖应严格控制单段起爆药量和总装药量,控制爆破震动,应严格控制开挖进尺,多打孔、打浅孔、小药量爆破,确保隧道开挖稳步推进。

(9)溶洞揭露后,应检测是否存在有毒有害气体,避免发生中毒、窒息事件。

(10)施工中必须检查溶洞顶板,及时处理危石。当溶洞较大较高时,应进行安全施工

（11）当隧道只有一侧遇到溶洞时，应先开挖该侧，待支护完成后再开挖另一侧。

（12）岩溶隧道支护和衬砌应按设计要求根据溶洞情况进行加强，二次衬砌前，应检查隧道周边围岩情况，重点检查拱部、底板、侧边墙一定范围内是否存在有害空洞，并采取措施处理。

（13）溶洞内不得任意抛填开挖弃渣，采用回填方法处理溶洞时，不得阻断过水通道。

（14）岩溶隧道应配备信息采集及报警器材、人员自救、排水设备、施救器材等必要的应急物资（图14-13），定期组织应急救援演练。

（15）雨天不得进入溶洞进行调查和施工。

（16）施工中出现浑水、突水突泥、顶钻、高压喷水、出水量突然增大、坍塌等突发性异常情况应立即停止施工，撤出人员，分析异常原因并妥善处理。

（17）岩溶隧道须规划逃生线路及逃生通道，设置明显的标志标识，定期组织逃生演练。逃生通道见图14-14。

图14-13　应急物资

图14-14　逃生通道

第十五章 PART 15
机电安装及隧道装饰施工

第一节　机电安装及隧道装饰施工概述

公路工程机电设备安装是发挥道路设施交通功能的重要辅助系统,主要包括监控系统、通信系统、收费系统、低压供配电系统、照明系统、通风系统、消防系统。隧道装饰工程主要包括洞门装饰及洞内装饰等。

一、监控系统

监控系统主要作用是实时收集道路状况、交通流、气象等信息,监视道路交通状况,控制与调节交通流,疏导交通,保证行车安全。监控中心见图15-1。

二、通信系统

为高速公路运营管理及监控、收费系统实施提供必要的话音业务及数据、图像信息传输通道,主要包括光缆、通信设备。

三、收费系统

收费系统是从车辆进入收费道路开始记录到实现收费,车辆交纳通行费直到费款安全进入存储点以及能提供各种收费过程相关信息的设施和人员的集合体,见图15-2。

图15-1　监控中心

图15-2　收费系统

四、低压供配电系统

为所有电力系统提供电力,保证整个机电系统的正常运作。主要包括电力监控系统、配变电所等。公路隧道按照供电可靠性及连续性的要求,通常分为三级负荷;隧道最高一级的配电电压宜采用10kV,配电级数不宜多于两级,接地方式宜采用TN-S系统。隧道配电方式一般采用树干式或放射式与树干式相结合的混合式配电。当用电负荷容量较大或用电负荷较重要时,宜采用放射式配电。高压输电线路工程应结合工程特点、规模和远期发展状况,施工临时用电和运营永久性用电相结合。变电所见图15-3。

五、通风系统

公路隧道通风应主要对烟尘、一氧化碳和空气中的异味进行稀释,还应分别针对正常交通工况和火灾、交通阻滞等异常交通工况进行系统设计。主要分为自然通风和机械通风两大类,以机械通风为主。通风方式有纵向、半横向、全横向及组合通风方式,机械通风一般采用射流风机(图15-4),长大隧道还有轴流风机。

图15-3　变电所

图15-4　隧道射流风机

六、消防系统

消防系统包括消火栓系统、火灾自动报警系统等,主要在隧道、设备用房、服务区等地点,其设置应符合国家规范的规定。隧道内一般为消火栓系统和水成膜系统,当危险级别较高时,可采用水喷雾灭火系统或泡沫喷雾联用灭火系统。消火栓见图15-5,消防泵房见图15-6。

图15-5　水成膜及消火栓

图15-6　消防泵房

七、照明系统

照明系统作用是提供照明、点亮行车道路,确保行驶安全,主要分为路段直线段照明、大桥桥梁照明及隧道照明(图15-7),常用灯具种类有LED灯、高压钠灯等。隧道照明分为入口段、过渡段、中间段、出口段等;小型收费站宜采用低杆、中杆照明方式;大型收费站广场(图15-8)和互通式立体交叉应根据其特点和技术要求选择高杆照明方式。

图 15-7　隧道照明

图 15-8　收费站照明

八、隧道装饰

隧道装饰工程主要包括洞门装饰（图 15-9）及洞内装饰（图 15-10）等。

图 15-9　洞口装饰

图 15-10　洞内装饰

第二节　施工工艺流程及要点

一、线缆敷设

1. 敷设形式及设备

主要包括电缆及光缆。敷设形式主要有直埋敷设、电缆沟（槽）敷设、架空敷设及穿管敷设等，几种敷设形式的优缺点见表 15-1。

线缆敷设形式的优缺点　　　　表 15-1

敷设形式	优　点	缺　点
直埋敷设	投资小、施工方便和散热条件好	易受地中腐蚀性物质的侵蚀，且查找故障和检修电缆不便，特别是在冬季土壤冻结时事故抢修难度很大

续上表

敷设形式	优 点	缺 点
电缆沟敷设	投资省、占地少、走向灵活且能容纳较多电缆	检修维护不方便,容易积灰积水
架空(桥架)敷设	不存在积水问题,简化了地下设施,有效地利用了有限空间,封闭式桥架有利于防火、防爆和抗干扰	施工、检修、维护较困难,受外界火源影响概率较大,投资和耗用钢材较多
穿管敷设	能有效防火,敷设路线比较灵活,适合电缆根数不多的线路	敷设检修、维护不方便,耗用钢材较多,投资较大,散热不好

动力电缆一般采用铠装直埋电缆,变配电所低压配电屏至隧道内配电箱的低压配电干线宜采用交联聚乙烯绝缘铜芯电缆。隧道内桥架上敷设的火灾探测报警设施、监控设施等重要设施所用的电缆应选用耐火电缆,桥架上敷设的其他线缆宜选用阻燃电缆。敷设方法有机械牵引及人工敷设,另外光缆还可采用气吹法敷设。

线缆敷设所用机械主要有电缆输送机、吹缆机、转弯滑车空压机、电缆牵引机提升机、光纤熔焊机、井口滑车等。

2. 工艺要点

(1)电缆敷设前应进行绝缘摇测或耐压试验,见图15-11,相关要求见表15-2及表15-3。

橡塑绝缘电力电缆线路的绝缘电阻试验项目和要求　　　　表15-2

项 目	要 求	说 明
电缆主绝缘电阻	自行规定	0.6/1kV 电缆用 1000V 兆欧表;0.6/1kV 以上电缆用 2500V 兆欧表(6/6kV 及以上电缆也可用 5000V 兆欧表)
电缆外护套绝缘电阻	每千米绝缘电阻值不应低于 $0.5M\Omega$	采用 500V 兆欧表
电缆内衬层绝缘电阻	每千米绝缘电阻值不应低于 $0.5M\Omega$	采用 500V 兆欧表。当每千米的绝缘电阻低于 $0.5M\Omega$ 时

橡塑电缆 20~300Hz 交流耐压试验和时间　　　　表15-3

额定电压 U_0/U(kV)	试验电压	时间(min)
18/30 及以下	$2.5U_0$(或 $2U_0$)	5(或 60)
21/35~64/110	$2U_0$	60
127/220	$1.7U_0$(或 $1.4U_0$)	60
190/330	$1.7U_0$(或 $1.3U_0$)	60
290/500	U_0(或 $1.1U_0$)	60

(2)直埋电缆时应清除沟内杂物,铺完 100mm 的底沙或细土。

(3)电缆沟(槽)敷设时,预埋件及电缆支架应安装牢固,强度合格,见图15-12。

图 15-11　电缆绝缘摇测

图 15-12　电缆支架

(4) 硅芯管敷设后应及时连接、密封,对引入人(手)孔的部分应及时对管口进行封堵。

(5) 应遵循弱电电缆与强电电缆分离的原则,合理布置电缆分层及交叉位置,不同等级电压的电缆应分层敷设,高压电缆应敷设在上层,同等级电压的电缆水平净距不得小于35cm。

(6) 直埋动力电缆表面距地面的距离应不小于0.7m(冬季土壤冻结深度大于0.7m的地区,可适当加大埋设深度,使电缆埋于冻土层以下,且应铺100mm的软土或砂层),电缆敷好后,上面再铺100mm的软土或砂层,沿电缆全长盖混凝土保护板,覆盖宽度应超出电缆两侧50mm。机械敷设电缆的速度不宜超过15m/min。

(7) 电缆弯曲半径应符合规范要求,具体要求见表15-4。

电缆最小弯曲半径　　　　　　　　　　　　　　　表15-4

电缆形式		多　芯	单　芯
控制电缆		10D	
交联聚乙烯绝缘电力电缆	无铅包、钢铠护套	10D	
	裸铅包护套	15D	
	钢铠护套	20D	
聚氯乙烯绝缘电力电缆		10D	
交联聚乙烯绝缘电力电缆		15D	20D
油浸纸绝缘电力电缆	铅包	30D	
	铅包　有铠装	15D	20D
	无铠装	20D	
自容式充油(铅包)电缆			20D

注:D 为电缆外径

(8) 电缆沿桥架或支架水平敷设时,应单层敷设,排列整齐,不得有交叉。

(9) 电缆严禁有绞拧、铠装压扁、护层断裂和表面严重划伤等缺损,直埋敷设时,严禁在管道上面或下面平行敷设。

(10) 采用气吹光缆前,应进行管道保气及导通试验,确认管道无破损漏气或扭伤、无泥土等污物后方可吹缆,吹放速度控制在60~90m/min。敷设过程中光缆弯曲半径应不小于光缆外径的20倍,安装固定后应不小于光缆外径的10倍。

(11)光缆接续应保证接触面与熔接环境的洁净,降低熔接损耗。单模光纤接头损耗不应大于0.1dB,多模光纤接头损耗不应大于0.2dB。

(12)光缆敷设24小时后,应使用光时域反射仪(OTDR)进行信号损耗检测,见图15-13。

(13)敷设完成后,应悬挂标志牌,标志牌规格应一致,并具有防腐性能,挂装应牢固,见图15-14;直埋电缆在直线段每隔50～100m处、电缆接头处、转弯处、进入建筑物等处,应设置明显的方位标志或标桩;沿支架桥架敷设电缆,在其首端、末端、分支处应挂标志牌;标志牌注明电缆编号、规格、型号及电压等级等相关参数。

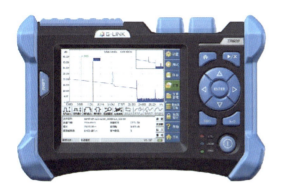
图15-13 光时域反射仪

图15-14 电缆标牌

二、通风系统

1. 安装简介

通风系统主要为隧道内射流风机的安装,一般采用拱顶预埋件悬挂倒链起吊,升降作业平台辅助安装。

2. 工艺要点

(1)风机安装前应进行支承结构的荷载试验,支承风机的结构承载力不应小于风机实际静荷载的15倍,见图15-15。

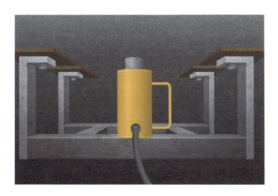

图15-15 支撑结构荷载试验

(2)设备与支承结构预埋件之间可采用焊接或螺栓连接,并设置减振措施。

(3)风机初步安装就位后进行找平,使其轴线与隧道轴线平行,误差不宜大于5mm。

(4)安装完成后进行单机调试,检验设备的安装质量和运行状态是否符合设计要求。

三、消防系统

1. 安装简介

消防设施主要包括消防水泵、管道及阀门。管道材料一般为内外壁热镀锌钢管、无缝钢管或内外涂塑钢管,采用沟槽式连接或丝扣、法兰连接。施工机具有汽车吊、滚槽机、切割机、倒链、套丝机等。

2. 工艺要点

(1)水泵机组吸水管应设过滤器,并应安装在控制阀后,当消防水泵和消防水池位于独立的两个基础上且相互为刚性连接时,吸水管上应加设柔性连接管;出水管上应安装止回阀、控制阀和压力表,或安装控制阀、多功能水泵控制阀和压力表,系统的总出水管上还应安装压力表;安装压力表时应加设缓冲装置。

(2)消防水泵吸水管穿越消防水池时,应采用柔性套管;采用刚性套管时应在水泵吸水管上设置柔性接头,且管径不应大于DN150。

(3)管道安装前应清扫管膛,安装位置应准确(允许偏差:中心线±15mm,高程±20mm)。阀门安装前应做耐压强度和严密性试验,见图15-16,其轴线与管线一致,在管道局部和整体最高点安装排气阀,阀门试压要求见表15-5。

阀 门 试 验 要 求　　　　　　　　　　　　　　表 15-5

试 验 种 类	试验压力(P为额定工作压力)	保压时间	合格标准
强度试验	4P	5min	阀体无渗漏、变形或损坏
密封性试验	2P	5min	阀体密封处无渗漏

(4)支吊架的焊接与安装必须牢固,在管道与支架间垫橡胶片减震,确保管道在输水过程中的安全可靠,见图15-17。

图15-16　阀门耐压强度及严密性试验

图15-17　管道支架

(5)管道连接紧密不漏水,沿海地区消防给水管道还应具有防盐雾腐蚀措施。

(6)穿过变形缝时,应采用波纹管和补偿器等技术措施,见图15-18和图15-19。

(7)管网安装完毕后,应进行强度试验和严密性试验,管道压力要求见表15-6。

图 15-18 补偿器

图 15-19 波纹管

压力管道水压强度试验的试验压力　　　　表 15-6

管 材 类 型	系统工作压力 P(MPa)	试验压力(MPa)
钢管	≤1.0	1.5P,且不应小于1.4
	>1.0	P+0.4
球墨铸铁管	≤0.5	2P
	>0.5	P+0.5
钢丝网骨架塑料管	P	1.5P,且不应小于0.8

四、照明及外场设备安装

1. 安装简介

照明主要包括隧道照明、桥梁照明、收费广场照明等,外场设备主要包括摄像头及各类探测器等,使用机械主要有吊车、登高作业车等。

2. 工艺要点

(1)灯具基础平面应符合设计规范要求,基础外形尺寸误差、对角线误差、水平度不大于3mm/m。

(2)接地扁铁、地脚螺栓及预埋板等安装尺寸应符合设计要求。

(3)灯杆一般采用整体吊装,吊装时必须系防溜绳,并控制杆体垂直度。

(4)各种螺母紧固后螺丝露出螺母不得少于两个螺距。

(5)杆件的安装应符合要求,直线度不大于2mm/m,杆长误差不大于1mm/m,与架空供电线路的安全距离应符合表15-7的规定。

导线与建筑物间的最小垂直距离　　　　表 15-7

线路电压	3kV 以下	3~10kV	35kV	66kV
距离(m)	3.0	3.0	4.0	5.0

(6)灯具安装位置应正确,纵向偏差不大于30mm,横向偏差不大于20mm,高度偏差不大于10mm。外壳、杆体等应可靠接地,接地电阻应不大于10Ω。

(7)高杆灯应在基础下做重复接地或与接地网连接。

五、低压配电系统

1. 安装简介

主要涉及变压器、高低压配电柜、柴油发电机、UPS 等安装,机具有吊车、叉车、倒链等。

2. 工艺要点

(1)安装前应进行基础验收,保证其位置、尺寸及预埋件符合设计规范要求。

(2)变压器吊装时,索具必须检查合格,钢丝绳必须挂在变压器的专用吊钩上;安装方向、高低压侧和高低压配电室进出线方向一致。

(3)箱柜与基础型钢间应连接紧密、固定牢固、接地可靠、箱柜间接缝平整,见图15-20。

(4)配电柜、箱、盘安装垂直度允许偏差为 1.5‰,相互间接缝不应大于 2mm,成列盘面偏差不应大于 5mm,箱(盘)内配线整齐,无绞接现象,开关动作灵活可靠。所有进出线均应标记,并附配电简图,见图15-21。

图15-20　变压器箱柜

图15-21　配电箱

六、隧道装饰工程

1. 隧道装饰简介

公路隧道洞内装饰一般有防火涂料喷涂、侧墙装饰等。侧墙装饰有墙面瓷砖、墙面搪瓷钢板等。

2. 工艺要点

(1)涂料应随用随配,配成的浆料一般存放不超过 2h(天气炎热时更短),切忌存放过长,造成涂层的黏结力下降。

(2)用喷涂机采用多层喷涂方式,一般控制在 4~8mm,避免喷层过厚,造成内外含水率差异而起层、空鼓,甚至脱落。待前一次喷涂基本干透(一般时间间隔不少于 24h)后,继续喷涂第二层,如此循环,直至喷涂到设计厚度。从隧道的腰部装饰线向顶部(从下而上)按要求进行喷涂。底层打底喷涂施工 18~24h 后方可进行基层喷涂,因隧道防火涂层较厚,多采用分层喷涂方式,喷涂顺序及压力控制同表面打底喷涂。喷涂后的防火涂料应符合成品质量标准。

(3)瓷砖在铺贴前应浸水湿润 2h 左右,以砖体不冒泡为准自下向上粘贴,粘贴砂浆厚度一般控制在 7~10mm。

（4）搪瓷钢板安装时，连接钢龙骨与主体结构的固定件应牢固、位置正确，螺栓紧固可靠，紧固力矩应取 40~45N·m，柱面面层允许偏差值符合表 15-8 要求。

柱面面层允许偏差值（mm） 表 15-8

项　目	允　许　偏　差							检 查 方 法
	天然光镜面石料		粗磨面石	预制水磨石	饰面砖	塑料	金属	
	方柱	圆柱						
表面平整度	1	—	2	2	2	3	3	用2m靠尺和楔形塞尺检查
立面垂直度	2	2	2	2	2	2	2	用2m托线板检查
阳角方正	2	—	3	2	2	3	3	用200mm方尺和楔形塞尺检查
接缝高低差	0.3	0.3	4	0.5	0.5	1	1	用直尺和楔形尺检查
板缝宽度	0.5	0.5	1	0.5	—	1	1	用尺量检查
弧形柱面精度	—	1.5	—	—	—	1.5	1.5	用1/4圆周样板和楔形塞尺检查
柱面纵横向直顺度	5	5	—	—	—	5	5	接通线或用经纬仪检查

注：1. 搪瓷钢板（珐琅板）归于金属类。
　　2. 本表依据《建筑装修工程质量验收规范》（GB 50210—2001）的规定。

第三节　主要安全风险分析

机电设备及装饰安装过程中存在的安全风险有起重伤害、机械伤害、车辆伤害、火灾、物体打击、中毒及职业病伤害等，此外易发的安全风险有高处坠落及触电。

（1）高处坠落：在隧道内进行设备安装及桥梁上安装护栏、通信电缆等施工时，因个人及临边防护不到位造成高处坠落。

（2）触电：临时用电不规范，非电工操作电气设备或接送电，配电柜交接试验、变压器耐压试验等不遵守操作规程，造成触电。

第四节　主要安全控制要点

（1）机电安装及隧道装饰主要涉及的工种有电工、电焊工、起重机司机等，均应取得特种作业资格证书后方可上岗作业。

（2）吊装作业应设警戒区，专人指挥，吊运半径内严禁无关人员进入。

（3）机械设备上各种安全防护装置必须齐全有效。

（4）汽车吊工作的场地应保持平坦坚实，支腿应用垫木垫实。

（5）起重机的各项安全装置应完好、有效，防护措施完善。

（6）汽车吊作业时与输电线路最小安全距离应符合规范要求，具体要求见表 15-9。

起重机与导线间的最小距离　　　　表15-9

电压(kV) 安全距离(m)	<1	10	35	110	220	330	500
沿垂直方向	1.5	3.0	4.0	5.0	6.0	7.0	8.5
沿水平方向	1.5	2.0	3.5	4.0	6.0	7.0	8.5

(7)高处作业宜采用登高作业车作业,使用时要确保地基平整坚实,保证车体稳定,登高作业人员不得超过两人。

(8)隧道内进行高处作业时,应使用专用升降作业平台,并粘贴反光膜。

(9)在全部或部分停电的高压电气设备上工作,必须先停电、验电、装设接地线,悬挂标示牌和装设遮拦。

(10)动火作业应严格执行动火审批制度;施焊地点须通风良好,施焊结束后,确认无火灾隐患后方可离开;高处焊接时,施焊部位下方应设置接火斗。

(11)材料堆放区域应用反光锥进行围蔽。

(12)燃油、润滑油脂必须入库,专人管理,严禁烟火。

(13)高处作业使用物料,均应堆码平稳,不应妨碍通行和装卸;工具随手放入工具袋,防止坠落伤人。

(14)隧道内施工时,应安排专人指挥车辆,做好作业区的照明和通风工作。

(15)潮湿和易触及带电体的照明电源必须使用安全电压,并保证绝缘良好。

(16)施工现场的易撞部位、交叉路口应设置夜间警示灯,临边、预留孔洞等部位应设置防护栏杆及反光警示标志,夜间使用的安全爬梯、通道等部位应增设照明设备,照度满足施工要求。施工现场照明的要求如下:

①有高温或灯具距地高度低于2.4m等场所,电源电压应不大于36V。

②临时照明线路必须使用绝缘导线。

③夜间高处作业工程等,必须装设由独立自备电源供电的应急照明。

④含有大量尘埃但无爆炸和火灾危险的场所,必须选用防尘型照明器。

⑤有爆炸和火灾危险的场所,应按危险场所等级选用防爆型照明器。

⑥一般220V灯具室外高度不低于3m,室内不低于2.4m;碘钨灯及其他金属卤化物灯安装高度宜在3m以上。

⑦任何灯具必须经照明开关箱配电与控制,应配置完整的电源隔离、过载与短路保护及漏电保护电器;路灯还应逐灯另设熔断器保护。

⑧雷雨及6级以上大风等极端恶劣天气严禁起重吊装及露天高处作业。

⑨未正式交付运营的道路,所有进入路面的路口必须设专人24小时不间断值守,并做好安全防护措施,禁止社会车辆通行,施工车辆行驶不得超速、超载。

第十六章 PART 16
隧道工程常见事故抢险救援

隧道工程施工中，由于受作业空间限制、不良地质水文条件以及施工方法不合理等多方面因素的影响，易发生坍塌、突泥涌水、火灾及瓦斯燃烧爆炸等事故。事故发生后，唯有组织有序、方案得力、行动迅速、安全施救，才能最大限度减少人员伤亡和财产损失。

第一节 隧道"关门"坍塌事故抢险救援

隧道"关门"坍塌，是指施工人员在隧道掌子面施工时，后方已部分施做完成的隧道出现坍塌，将前方施工人员阻隔在坍塌体与掌子面之间的空间区域内。这种情况多发生在仰拱开挖工作面，因仰拱一次开挖距离过长或左右幅仰拱同时悬空过多等原因导致坍塌。隧道发生"关门"坍塌时，施工人员被困于狭小的危险区域，对被困人员的快速施救成为重中之重。事故发生后，抢险救援一般按图16-1程序进行。

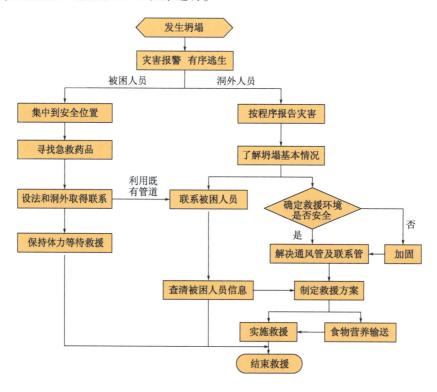

图16-1 隧道关门坍塌抢险救援流程图

一、洞内被困人员注意事项

（1）关门坍塌发生后，被困人员应保持镇静，不要乱动，以便将身体的消耗减到最低，等待救援。

（2）不要盲目挖掘塌方体，以免造成二次塌方。

（3）搜集可以维持生命的水和食物，并有计划地利用。

（4）敲击风水管看能否与外界取得联系，在听到周围有声音时，可间隔敲击出声，向外界提供信号,增加救援人员的信心。

二、坍塌体及后方救援区域加固

发生关门坍塌事故时,洞外人员不能盲目清理坍塌体,以防坍塌继续扩大。

事故现场应在坍塌体稳定,初步确认无次生灾害威胁后,立即组织开展人机配合实施加固措施,包括喷混凝土封闭坍塌体正面、沙袋堆载反压坍塌体、坍塌扰动范围回填碎石(沙包、土袋等)至起拱线高度、在回填体上方牢固搭设钢支撑或方木支撑等工作,以加强和稳定初支结构,为后续抢险作业安全创造条件,见图16-2所示。

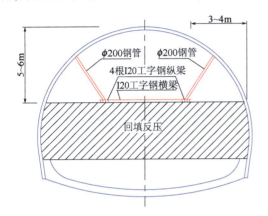

图16-2　回填反压及支撑加固示意图

三、打设联络孔

联络孔可以用来了解被困人员的准确数量、身体状况、生存空间的大小及稳定情况。向被困人员提供饮用水、营养液、食物及氧气等,抚慰被困人员的情绪,指挥其正确躲避危险,为确定救援方案是否正确提供信息,联络孔的及时使用对救援的成功有至关重要的作用。

联络孔的打设位置,一般可在坍塌体的正面上方,这样可以缩短打孔的长度。当隧道为双线双洞且有条件时,可采用在相邻隧道横向打设联络孔。当地表埋深较浅时,可在地表竖向打设联络孔。

因坍塌体较松散,不易成孔,故联络孔一般采用双套管钻机打设。

四、实施救援

隧道关门坍塌常用的救援方法主要有小导坑法、顶管法、竖井法、中心水沟法、大管径钻机法等。由于救援过程中随时会遇到孤石、钢筋、钢架等障碍物,因此必须采取多种方案同时进行救援,增大成功概率。

1. 小导坑救援法

小导坑救援法是采用人工开挖,架设方木排架,在坍塌体正面或侧面迂回开挖小断面导坑至被困空间,实施救援的方法,见图16-3。

图16-3　小导坑救援法

(1)小导坑的平面位置

应综合考虑隧道的坍塌长度、坍塌量、初支破坏程度及救援条件等因素。

当选择从坍体中开挖导坑时,导坑应沿隧道初期支护保留较好的一边轮廓线施工,以利用部分隧道初支作为导坑支护。

(2)小导坑的断面及支护形式

坍塌段落初期支护保留比较完整时,可采用三角形导坑,利用既有初期支护作一侧支护,补作另一侧支护和底板。

坍塌段落初期支护破坏严重时采用梯形导坑。

导坑支护可采用15cm×15cm方木,选择密排或间隔背后铺设木板两种方式。导坑进洞和出洞时应加强超前支护,见图16-4。

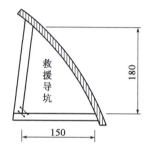 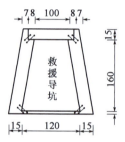

图16-4 小导坑支护结构示意图(单位:cm)

(3)小导坑施工

施工人员应由掌握开挖、支护、出碴等多项技能的人员组成。

开挖中如遇孤石、钢筋、钢架等障碍物,可采用破拆工具进行切割破除;如坍塌体松散可密排小导管或者注双液浆固结。

迂回导坑应加强测量,及时进行方向校正。

2. 顶管救援法

当隧道坍塌坍体为软塑~硬塑状或松散土体,小导坑法不能适用时,可采取顶管方式进行救援。

顶进管道可选用 $\phi 800mm \times 10mm$ 承插钢管,管节长度采用1m。为方便千斤顶和顶进管的连接,须专门加工顶进头,顶进头一端插入承插管,另一端和千斤顶连接。

顶进后背座采用埋设密排I30型工字钢作立柱,采用I20型工字钢作斜向支撑。立柱和斜向支撑均应设置反力基础,基础型式、深度应根据计算推力、地质条件等确定。见图16-5。

因顶进过程中容易发生偏位,还须设置一套能安装顶进头的导向架。见图16-6。

千斤顶可采用200t,行程不小于50cm,用固定架进行固定。顶进时,应先安设导向架,按顶进方向固定好导向架,将顶进管放入导向架内,再将顶进头放入导向架和顶管连接。为了使顶力均匀分布,顶进头和千斤顶采用枕木作垫块。顶进采用逐节顶进,人工出土的方式进行,每顶进50cm后,千斤顶卸压退回,出碴人员立即将管内的泥土挖出,同时顶进头增加50cm的顶进垫块,如此反复进行。

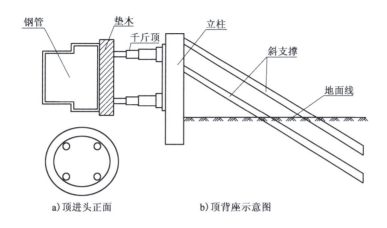

a) 顶进头正面　　　　b) 顶背座示意图

图 16-5　顶进头及顶级后背示意图

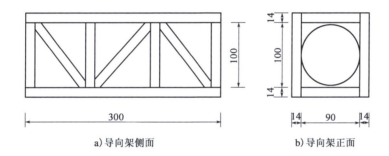

a) 导向架侧面　　　　b) 导向架正面

图 16-6　导向架示意图(尺寸单位:mm)

3. 竖井救援法

当隧道埋深较浅时,可从地面紧贴隧道轮廓线外挖竖井救援。为了确保支护稳定、快速成井、满足施救空间要求,竖井可采用直径 1～2m 的圆形断面,见图 16-7。

竖井锁口应满足竖井开挖和支护的稳定要求,并对孔口周边一定范围进行封闭,防止地表水和施工用水下渗。竖井应设置在受坍塌扰动较小、隧道初期支护比较完整的段落,竖井支护可采用格栅喷射混凝土支护。

竖井可采用人工开挖,采用挖孔桩专用吊机出碴。开挖进尺根据围岩情况控制在 50～100cm。有条件时也可采用钻孔直接成孔。当竖井挖至隧道初期支护时,应采用风镐小心凿除隧道初期支护的喷射混凝土,再割除支护钢架,完成竖井内支护,确认隧道及竖井均处于安全状态后才能进入隧道实施救援。

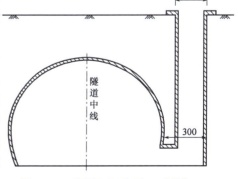

图 16-7　竖井救援法示意图(尺寸单位:cm)

4. 中心水沟法

部分高速公路隧道在仰拱中设置了中心排水沟,如发生关门坍塌,救援人员可通过疏通中心排水沟,营救被困人员,见图16-8所示。施工期间,应保证水沟通畅,及时覆盖。此法救援时间短,成功率高。

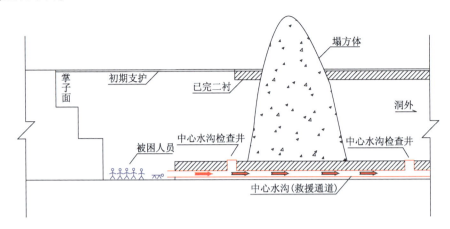

图16-8　中心水沟救援法示意图

5. 大管径钻机法

大管径钻机法是采用大口径救援钻机,在坍塌体上水平施钻大直径逃生通道,被困人员可直接脱困,见图16-9所示。与其他救援方案相比,提高了救援效率,降低了救援安全风险。但钻孔过程中遇到钢拱架、锚杆等障碍物,必须撤出内钻杆,人工钻进外管内将障碍物割除后方可继续钻进。

图16-9　大管径钻机救援法

第二节　隧道突泥涌水事故的抢险救援

突泥涌水灾害救援首先应通过联动报警,利用应急照明、预设逃生设施组织有序逃生自救。同时启动抽水设备尝试灾害控制,组织救援队伍进洞开展搜救。救援流程见图16-10所示。

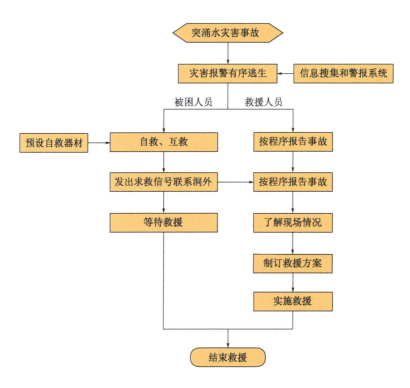

图 16-10　突泥涌水事故抢险救援流程图

一、应急措施

存在突泥涌水风险的隧道应根据隧道长度、洞内作业人员数量、可能突泥涌水量等因素合理配备救援设备物资(表 16-1)。

水灾救援设备物资配置表　　表 16-1

用　途	名　称	单　位	数量及配置要求
人员自救	钢筋爬梯	个	根据设计要求设置
	逃生绳(长度不小于 20m)	根	距掌子面 500m 以内,每侧安装数根
	救生圈	个	距掌子面 500m 以内,每个爬梯至少安装 4 个
	氧气袋	个	设置于靠近掌子面的爬梯上
洞内排水	抽水站及排水管	套	按设计最大突涌水量的 1.2 倍配置,间距满足要求
	备用移动式抽水站及排水管	套	按洞内排水能力配置
施救器材	橡皮艇	个	根据隧道长度、洞内作业人员数量及可能突涌水量等因素确定
	木板或竹胶板	m²	200
	碗扣式脚手架	t	20

续上表

用 途	名 称	单 位	数量及配置要求
信息采集及报警器材	掌子面摄像监控仪	套	每个掌子面安装1套
	探测传感器	个	根据可能的突涌水情况确定
	中央处理计算机(数据采集器)	台	2
	人工和水位感应声、光报警装置	套	配置于洞内各作业面,联动报警并连接洞外指挥中心

规划隧道各作业面人员的逃生路线,定期组织演练。

救援队员应具备游泳、窒息急救等技能。

二、事故发生后的自救与互救

(1)突泥涌水事故发生后,应立即发出险情信号,按逃生路线有序撤离。

(2)遇险人员应尽力利用预设的钢筋爬梯、逃生台架和救生圈脱险,利用逃生绳逐步转移到安全地带。

(3)发出求救信号,尽可能与救援人员取得联系,报告有关情况。

三、救援方案

(1)如突涌水量很快减小,可运用工程机械等进入洞内施救。

(2)水量较大时,可待水情基本稳定后,组织救援人员乘橡皮艇进洞施救。

(3)当发生小规模突泥或突水伴随大量砂石、淤泥沉积时,应采用搭设脚手架、铺垫木板或竹胶板等方法迅速开辟救援通道,进入洞内搜救。

(4)救援人员应佩戴呼吸器等专业作业器材。

第三节　隧道火灾事故抢险救援

隧道火灾是指在施工期间因防水板、油料等或电气及设备燃烧引起的火灾。隧道火灾抢险救援关键是防止遇险人员窒息、逃生通道规划及维护等工作。

一、隧道火灾救援原则

(1)紧急报警并启动洞内消防器材尝试灭火,控制烟雾的蔓延。

(2)洞内作业人员应立即采取自救措施,组织有序疏散。

(3)项目现场救援队结合地方消防队实施救援。

二、隧道火灾施救流程

隧道火灾施救流程见图16-11。

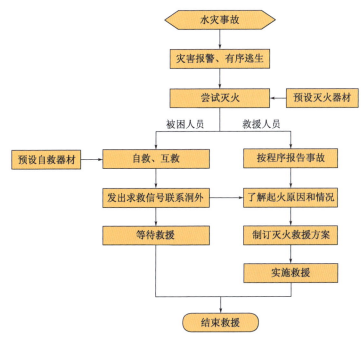

图 16-11　隧道火灾施救流程图

三、洞内消防器材配备

（1）施工期间，为防备隧道火灾，洞内开挖、支护等作业面应按单班人员数量配备自救呼吸器，湿毛巾等。

（2）洞内防水板和衬砌等作业面和洞内变电站、配电柜等处均配置 2 台以上手提式和推车式干粉灭火器。

（3）洞内供水干管每 50m 预留一处消防水龙头，并配备消防水管和水枪，见图 16-12 所示，并参照表 16-2 规定配置。

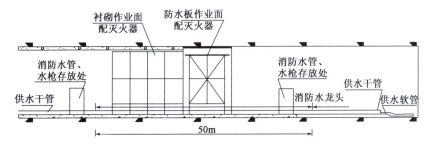

图 16-12　洞内消防器材设置示意图

隧道火灾救援设备物资配置表　　　表 16-2

用　途	名　称	单　位	数量及配置要求
人员自救	自救呼吸器	个	按开挖、支护作业最大单班人员数量配置
灭火施救	手提式干粉灭火器	台	开挖、支护、衬砌作业面最少各 2 台

续上表

用　途	名　称	单　位	数量及配置要求
灭火施救	推车式干粉灭火器	台	开挖、支护、衬砌作业面最少各2台
	消防水龙头	个	每50m安装1个
	防毒面具	个	10个
	消防水管、水枪	套	防水作业面配2套，其余地段配2套

四、灭火施救措施

(1) 防水板等塑胶材料起火，采取直流水冲击的方法灭火。灭火水枪阵地应设在上风和侧风方向。进入烟区的扑救人员应穿戴防毒面具和防护服。

(2) 电气设备起火，应先切断电源，再采用灭火器和直流水枪灭火。有油的电气设备如变压器起火时，可用干燥的砂土盖住火焰，使火熄灭。

(3) 机械设备燃烧，采用灭火器灭火。

(4) 乙炔管路燃烧，采用干燥的砂土盖住火焰，使火熄灭。

(5) 灭火期间，应注意观察洞内风流，防止火风压引起风流逆转，危及灭火人员安全。

第四节　隧道瓦斯事故抢险救援

一、瓦斯事故类型及预防措施

隧道瓦斯事故主要有瓦斯爆炸、煤与瓦斯突出、瓦斯火灾等。

隧道瓦斯灾害应以预防为主，采用多种超前地质预报手段了解开挖工作面前方煤层和瓦斯状况，根据不同情况可采取加强通风、加强支护、注浆封堵、钻孔引排等措施进行预防。同时，必须构建覆盖全隧道危险部位的瓦斯实时监测网络，全面、系统、准确把握隧道内瓦斯信息，有效实施灾害预警。

二、瓦斯隧道救援设备、器材配备

施工现场应配备个人防护、灭火装备、检测仪表、装备工具等救援装备，如表16-3所示。

瓦斯隧道救援设备、器材配置表　　　　表16-3

类　别	装备名称	要　求	单　位	数　量	备　注
个人防护	4h呼吸器		台	2	
	2h呼吸器		台	2	
	自动苏生器		台	2	
	自救器	压缩氧	台	30	
灭火装备	干粉灭火器	8kg	个	20	
	水枪	开花、直流	支	4	
	水龙带	直径2.5英寸和2英寸	m	400	

续上表

类别	装备名称	要求	单位	数量	备注
检测仪表	氧气呼吸器校验仪		台	1	
	氧气检定器		台	2	
	瓦斯检定器	10%、100%	台	4	各2台
	一氧化碳检定器		台	2	
	风表	中、低速	台	2	各1台
	温度计	0~100℃	支	2	
	干湿温度计		支	2	
装备工具	液压剪刀		把	1	
	防爆工具		套	1	锤、斧、镐、锹、钎等
	大绳	直径30mm,长30m	根	2	
	保温毯	棉织	条	3	

三、隧道瓦斯事故救援流程及注意事项

瓦斯隧道施工前,施工单位必须和就近的矿山救援队签订救援协议,进行联合救援演练及矿山救护培训,建立协同救援体系。

隧道一旦发生瓦斯爆炸,不能盲目进行通风,更不能立即进洞,必须由专业的矿山救援队进洞救援。

瓦斯事故发生后,施工单位应立即设置警戒区,禁止人员进入危险区域,启动应急预案,配合矿山救援队进行救援。救援流程见图16-13。

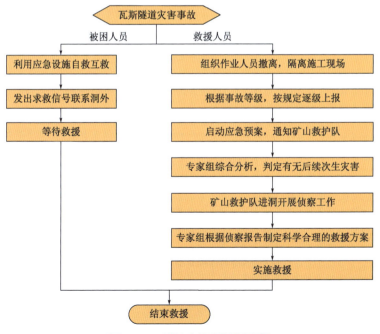

图16-13 瓦斯灾害抢险救援流程图

参 考 文 献

[1] 中华人民共和国行业标准.JTG F60—2009　公路隧道施工技术规范[S].北京:人民交通出版社,2010.
[2] 中华人民共和国行业标准.JTG F90—2015　公路工程施工安全技术规范[S].北京:人民交通出版社股份有限公司,2015.
[3] 中华人民共和国行业标准.JTG F80/1—2017　公路工程质量检验评定标准[S].北京:人民交通出版社股份有限公司,2017.
[4] 中华人民共和国行业标准.JGJ 46—2005　施工现场临时用电安全技术规范[S].北京:人民交通出版社,2005.
[5] 洪开荣.山区高速公路隧道施工关键技术[M].北京:人民交通出版社,2011.
[6] 王梦恕.中国隧道及地下工程修建技术[M].北京:人民交通出版社,2010.
[7] 中铁隧道局集团有限公司.隧道及地下工程工序质量标准化图集[M].北京:人民交通出版社,2017.
[8] 中华人民共和国行业标准.铁路隧道施工抢险救援指导意见[S].北京:中国铁道出版社,2010.
[9] 中华人民共和国行业标准.JTG F80/2—2018　公路工程质量检验评定标准(机电工程)[S].北京:人民交通出版社股份有限公司,2018.
[10] 中华人民共和国国家标准.GB 50303—2015　建筑电气工程施工质量验收规范[S].北京:中国计划出版社,2015.
[11] 中华人民共和国行业标准.JTG/T F72—2011　公路隧道交通工程与附属设施施工技术规范[S].北京:人民交通出版社,2011.
[12] 中华人民共和国国家标准.GB 50150—2016　电气设备交接试验标准[S].北京:中国计划出版社,2016.
[13] 中华人民共和国行业标准.JTG/T D72/2-02—2014　公路隧道通风设计细则[S].北京:人民交通出版社,2014.
[14] 中华人民共和国国家标准.GB 50974—2014　消防给水及消火栓系统技术规范[S].北京:中国计划出版社,2014.
[15] 中华人民共和国国家标准.GB 50210—2018　建筑装饰装修工程质量验收标准[S].北京:中国建筑工业出版社,2018.
[16] 中华人民共和国国家标准.GB 50261—2017　自动喷水灭火系统施工及验收规范[S].北京:中国计划出版社,2017.
[17] 广东省交通运输厅.广东省高速公路施工安全标准化指南(安全技术)[M].北京:人民交通出版社股份有限公司,2017.